中國學術思想研究輯刊

二二編

林慶彰 主編

第20冊

梁啓超、錢穆對清代學術史的研究比較
——以《中國近三百年學術史》爲核心探討

張冠茹 著

花木蘭文化出版社

國家圖書館出版品預行編目資料

梁啓超、錢穆對清代學術史的研究比較——以《中國近三百年學術史》為核心探討／張冠茹 著 -- 初版 -- 新北市：花木蘭文化出版社，2015〔民 104〕

目 2+136 面；19×26 公分

（中國學術思想研究輯刊 二二編；第 20 冊）

ISBN 978-986-404-377-4（精裝）

1. 梁啓超 2. 錢穆 3. 清代哲學 4. 比較研究

030.8　　104014691

ISBN-978-986-404-377-4

中國學術思想研究輯刊

二二編　第二十冊　　ISBN：978-986-404-377-4

梁啓超、錢穆對清代學術史的研究比較
——以《中國近三百年學術史》爲核心探討

作　　者　張冠茹

主　　編　林慶彰

總 編 輯　杜潔祥

副總編輯　楊嘉樂

編　　輯　許郁翎

出　　版　花木蘭文化出版社

社　　長　高小娟

聯絡地址　235 新北市中和區中安街七二號十三樓

電話：02-2923-1455／傳眞：02-2923-1452

網　　址　http://www.huamulan.tw 信箱 hml 810518@gmail.com

印　　刷　普羅文化出版廣告事業

封面設計　劉開工作室

初　　版　2015 年 9 月

全書字數　109183 字

定　　價　二二編 22 冊（精裝）新台幣 40,000 元

梁啓超、錢穆對清代學術史的研究比較
——以《中國近三百年學術史》爲核心探討

張冠茹　著

作者簡介

張冠茹，一九八七年生於台北市。十六歲時，受高中國文教師蔡燕徵啟蒙立志為文，進入元智大學中語系後受教於鍾雲鶯教授《儒家思想》、《宋明理學》，遂開啟研究之路。就讀中山大學碩士班時，因機緣而幸得鮑師國順之指導，此後尤致力於清代義理思想之探索，協楊師濟襄之鼎力相助，完成《梁啟超、錢穆對清代學術史的研究比較——以《中國近三百年學術史》為核心探討》一文。現今樂執教鞭中，期待將研究所得傳於後世英才。

提　要

梁任公、錢賓四先生皆著有《中國近三百年學術史》，但因兩人的學術立場不同，所撰寫的清代學術史亦有相當大的差別。兩人在寫作手法有相當的不一樣，梁氏採用學術史體例撰寫，錢氏採用中國傳統的「學案體」書寫清儒的學術思想。因錢、梁二氏著書時代背景有差異，二人關注的命題也大不相同。梁任公《清代學術概論》用許多篇幅敘述東西二方文化的相似性，以清代學術和歐洲文藝復興相比。錢賓四先生授《中國近三百年學術史》這門課時，正逢九一八事變，使錢賓四先生思考中國傳統文化和民族主義相關議題許多，著作多富含此精神。歷來研究者多以梁任公《清代學術概論》，二人同名著作《中國近三百年學術史》互相比較，筆者將兩人相關清代學術史的著作皆參照，以期找出錢、梁二氏研究清代學術的異同。

目次

第一章　緒　論

第一節　研究動機

李帆將梁任公《論中國學術思想變遷之大勢》、《清代學術概論》、〈中國近三百年學術史〉三書作比較：

> 縱向比較，其《中國學術思想變遷之大勢》近於思想史，《清代學術概論》近於學術思潮史，《中國近三百年學術史》方更貼近所謂學術史，這表明梁啟超愈到晚年愈想擺脫今文經學訓練所帶來的影響，回歸自幼便熟知的、講求訓詁考據的正統派。〔註 1〕

梁任公論及清代學術史的三本著作《中國學術思想變遷之大勢》、《清代學術概論》、《中國近三百年學術史》分別採取了不同的寫作體例：思想史、學術思潮史、學術史，梁任公因個人生活境遇不同，撰寫同個時間點、同位學者、對清代學術的評價偶有出入。

盧鍾鋒評論錢賓四先生的清代學術研究：

> 在錢穆先生的清代學術研究中，的確反映出他對宋明理學的理解和敬重，而對漢學中人則多有微詞。然而，感情上的好惡不能代替理智上的判斷。如果我們細按其實，對錢先生的研究做全面的考察和

〔註 1〕李帆：《章太炎、劉師培、梁啟超清學史著述之研究》，北京：商務印書館，2006 年，頁 132。

> 辨析；那麼，就不難看到其中之眞諦，即錢先生是以漢宋學術作爲清代學術的基本構成，而以漢宋之間的離合紛爭、互補兼采作爲清代學術發展的基本線索，而尤於「漢宋兼采」反覆致意。〔註2〕

錢賓四先生和梁任公撰寫清代學術史的源流，即爲不同。梁氏認爲清代學術爲對理學的反動，錢氏則主張清代學術爲宋明學術繼承；因梁、錢二氏的學術立場不同，評析人物就有極大的差異，並添加個人的情緒用語，這是筆者好奇的地方。

筆者撰寫此論文最大的原因爲碩一修了鮑師國順的「清代學術史」這門課，老師是以錢賓四先生所著《中國近三百年學術史》爲主要上課教材，和梁任公《清代學術概論》、《中國近三百年學術史》爲比較，企圖讓我們了解清代學術史的樣貌。碩三時和老師討論論文題目，老師建議以《梁啓超、錢穆對清代學術史的研究比較》爲題目研究，並拿了不少參考資料給筆者。故筆者以此爲題，並以梁、錢二人的同名著作爲核心探討。

第二節　研究範圍與方法

近人研究梁任公、錢賓四先生的清代學術史多以同名著作《中國近三百年學術史》作爲比較，或單一敘述特色。本文的研究目的是研究梁任公、錢賓四先生對清代學術史研究的異同，研究範圍主要以兩人關於清代學術史的著作爲主。梁氏著作有〈中國學術思想之變遷之大勢・近世之學術〉、《清代學術概論》、《中國近三百年學術史》、《近代學風之地理的分布》、《戴東原》、〈南海康先生傳〉、〈南海先生七十壽言〉、〈公祭康南海先生文〉、〈黃梨洲朱舜水乞師日本辯〉、〈朱舜水年譜〉、〈顏李學派與現代教育思潮〉、〈明清之交中國思想界及其代表人物〉、〈清代通史序〉。錢氏關於清代學術史著作有：《國學概論》、《中國近三百年學術史》、《清儒學案序》、《中國學術思想史論叢（八）》。要了解二人對清代學術史闡釋的異同，亦必須了解二人的生平，以期了解二人影響思想相異的原因，本文於學者研究梁任公、錢賓四先生的生平與學術的相關論著皆有參考。

筆者讀梁任公、錢賓四先生的清代學術史的相關著作，認爲顧亭林、顏

〔註2〕盧鍾鋒：〈錢穆與清代學術研究〉收入《錢穆思想研討會論文集》，2005年，頁13。

習齋、戴東原、康南海能彰顯二人學術不同，爲凸顯出二人評述差異，筆者參考顧亭林、顏習齋、戴東原、康南海四人的相關著作。筆者希望藉由文獻分析法，釐清梁、錢二氏研究清代學術史的異同。

本論文分爲五章：第一章爲〈緒論〉，第二章爲〈梁任公、錢賓四有關清代學術史之著作〉敘述梁任公、錢賓四先生生平、學術思想特色，概略二人關於清代學術史的著作。第三章爲〈梁任公、錢賓四有關清代學術史之研究比較〉談論梁、錢二人論清代學術史的主要思潮和形成背景、清代學術史的分期、《中國近三百年學術史》同名作品的比較。第四章是〈人物評價〉，筆者列舉顧亭林、顏習齋、戴東原、康南海四人，以期顯現梁任公、錢賓四先生的學術特色。第五章爲「結論」。

第三節　前人研究成果

（一）方俠文：《梁啟超晚年（1918～1929）學術思想研究——以清代學術研究、先秦諸子研究為例》〔註3〕

方俠文在第三章〈梁啓超晚年學術思想研究——有關清代學術研究部分〉介紹梁氏對清代學術史的分期和特徵。梁氏在〈近世之學術〉是以時代先後爲主軸，將清代學術史劃分爲三期，第一期的程朱陸王問題，第二期的漢宋問題，第三期的今古文問題、孟荀問題、孔老墨問題。三期的學術演變與發展是彼此相關聯，學術發展傾向「復古」的現象，以「復古爲解放」，是梁任公認爲清代學術史的發展應爲反動——復古——解放。方氏也敘述出梁任公重視地理學風分布的關係，以梁氏〈近代學風之地理的分布〉一文，將清代學風和地理環境聯繫，成爲梁氏研究清代學術的一大特色：地理環境論的形成、清代學者地理分布狀況。重視地理環境與學風的關係，梁氏並爲闡釋地理變相與學風之間的因果關係，是爲不足。

方俠文認爲梁任公《清代學術概論》和《中國近三百年學術史》對清代學術史看法的異同是因爲梁氏於 1920 年歐遊回國之後，一改過去悲觀想法，對國家前途充滿信心，將清代學術與歐洲文藝復興相類比，是對清學給予極高的評價。梁氏於 1921 年秋冬間，應北京、天津各校之邀演講，是梁氏晚年

〔註 3〕方俠文：〈梁啓超晚年（1918～1929）學術思想研究——以清代學術研究、先秦諸子研究爲例〉，台北：國立台灣大學中國文學研究所博士論文，2005 年。

離開政壇，潛心研究學術，仍注重「致用」，故梁氏重視考據學具有的科學實證精神。梁啓超論著有考據學的起源問題、明清之際思潮轉變的問題、清代學術史的分期與特徵問題。

（二）陳麗惠：《反傳統思潮的批判與超越——錢穆史學思想的形成（1930～1940）》〔註4〕

陳麗惠在第三章〈跨越漢、宋藩籬〉論錢賓四先生提出「漢學源於宋學」藉此挑戰胡適的「理學反動說」。錢賓四先生在〈劉向歆父子年譜〉、〈先秦諸子繫年〉使用考據學證實自己的觀點，已隱含質疑考據學價值的味道。錢賓四先生認爲清代的漢、宋之爭是來自清初的程、朱、陸、王之爭的轉化，加上漢學家門戶之見太深所導致，並非因爲漢學家對宋學的空疏感到厭倦；漢學與宋學是有承繼的關係。陳氏認爲錢著《中國近三百年學術史》對考據學的價值提出質疑，其目的是批判反傳統思潮，宣示西方的思想、制度不適合中國的看法。

（三）胡文生：《梁啟超、錢穆同名作《中國近三百年學術史》之比較》〔註5〕

胡文生從體例優劣討論梁著和錢著，先指出梁著爲未完成稿、論學往往天馬行空，錢著爲學較爲嚴謹。第二敘述梁任公寫作背景，是運用進化論論思想來論清代學術史，並指出梁任公的學術史研究皆是依照《中國學術思想變遷之大勢》大綱進行。第三論述梁、錢的著述宗旨：梁任公爲了以西方近代科學文明促進中國文化的現代轉型，認爲清學是對理學的反動。錢賓四先生爲了振興中華民族的精神，才強調清代學術對宋明理學的繼承性。胡文生認爲錢賓四先生對文化的批判對象爲胡適爲代表的科學史學派，錢賓四先生在《中國近三百年學術史》對歷史的解釋闡發中國文化的精神。胡氏分析梁任公對學術史的理解：並未區分學術與思想差異、視《明儒學案》爲學案史的正宗源流、《中國近三百年學術史》以學術中心展開和錢著學案體方式書寫有所不同。胡文生提出梁著爲學術史的創作，錢著爲思想史。

〔註4〕陳麗惠：《反傳統思潮的批判與超越——錢穆史學思想的形成（1930～1940）》台中：東海大學歷史學系碩士論文，1997年。

〔註5〕胡文生：〈梁啓超、錢穆同名作《中國近三百年學術史》之比較〉收入《中洲學刊》，2005年1月。

（四）路新生：〈梁任公、錢賓四《中國近三百年學術史》合論〉〔註 6〕

路新生從梁任公、錢賓四先生二人著《中國近三百年學術史》的背景開始分析，說明梁任公在新文化運動前後中國思想界發生劇烈震盪的思想狀況，梁氏感於西方文明的衰敗，因而提倡中國傳統文化；當時的思想潮流認為中國傳統文化中清儒的學風，比較符合現代的科學精神，故梁氏治清代學術史的重點擺在表彰清儒的治學方法。

錢氏寫《中國近三百年學術史》並非重視清儒的考據方法而是納入中國傳統文化之發揚光大和民族精神。第二步分析梁任公、錢穆的思想體系和謀篇布局的特點，梁任公撰書重在表彰清儒治學方法的科學論；錢賓四先生突顯中國文化的精神淵源，和明代學術在清代的延續性，及清代學風對明代學術的繼承性。路新生指出錢著和梁著體例不同：梁氏治清代學術史注重演變情況。錢著則注重各儒者的思想淵源及流變過程、學者操守與治學併重，以申治學之旨在做人之意、清儒對理學問題的討論。路氏認為錢賓四先生的《中國近三百年學術史》不列崔述是屬較大的缺陷。

路新生整理梁、錢二著中值得商榷的問題：梁著觀點自我牴觸、對東林清初學者評價輕率。錢著論戴東原、貶戴震、申焦循、對今文學的評價，過於草率。

（五）汪榮祖：〈錢穆論清學史述評〉〔註 7〕

錢賓四先生寫《中國近三百年學術史》的手法，以時代先後作為敘述的順序。汪榮祖批評錢氏「清初學風盡出東林」的言論，支持黃梨洲、王船山、顧炎武、顏習齋才是清學的先驅。汪氏指出 1930 年重刊《船山遺書》，記七十種，二百八十八卷，錢賓四先生沿襲梁任公的說法，計七十七種，二百五十卷的謬誤。汪氏認為錢賓四先生以傳記體寫學術史是難見學術與學派間的的演變。汪榮祖支持梁任公《中國近三百年學術史》中論〈清代學者整理舊學的總成績〉是完整總結乾嘉考據學的歷史與學術特色。汪氏認為錢賓四先生論戴震、章學誠的學術思想不夠完整，因錢賓四先生一生尊崇朱子，描寫

〔註 6〕路新生：〈梁任公、錢賓四《中國近三百年學術史》合論〉收入《孔孟學報》第六十八期。

〔註 7〕汪榮祖：〈錢穆論清學史述評〉收入《台大歷史學報》二十六期，2000 年 12 月。

戴東原的學術思想多用情緒化的詞彙並不客觀。汪氏亦指出錢氏對阮元、焦循的學術評價：「阮元長於歸納、重實是求是，近乎朱子；焦循長於演繹，主自思求通，近乎陸王」的評論完全正確。

方東樹《漢學商兌》遍詆閻、胡、惠、戴所學，但梁任公與錢賓四先生二人皆未談論此一公案和追究其學術意義。梁、錢二氏並未探討漢宋調和之後，是否足應道咸以降的世變。錢賓四先生論康有爲的學術成就不似梁任公多有讚誇之詞。汪氏總結梁任公與錢賓四先生評論清初學者的意見大多略同，論清中葉考據學發展差異甚大，因錢氏惡樸學鄙宋攻朱，梁氏喜樸學的實證風尚。論晚清則二人所見甚異，是因對康有爲的評價有所不同所致。

（六）周國棟：〈兩種不同的學術史範式——梁啟超、錢穆《中國近三百年學術史》之比較〉〔註8〕

周國棟闡述梁任公所著《中國近三百年學術史》並未公開發表且未完成，與西學中的 intellectual history 相似，遵循劉師培所創立的學術史撰寫方式。清代學術是對理學的反動、將清代考據學與西方科學相類比是受到了年代前後學風的影響。周國棟提出錢穆撰寫《中國近三百年學術史》是因爲對梁著不滿，錢氏所採是黃宗羲創立的「學案體」，可視爲《清儒學案》。周氏指出錢穆是從宋明學家的角度談論清代學術思想，梁啓超以反宋學的角度談論清代學術思想，並認爲梁氏的理學反動說論清代學術更爲合理。

綜觀以上所舉之前人研究成果，前人學者多著重於《中國近三百年學術史》同名著作上，筆者欲將梁任公、錢賓四先生關於清代學術史的著作相比較，研究二人對清代學術史闡釋的異同。

〔註8〕周國棟:〈兩種不同的學術史範式——梁啓超、錢穆《中國近三百年學術史》之比較〉收入《史學月刊》，2000年第四期。

第二章　梁任公、錢賓四有關清代學術史之著作

第一節　梁任公生平

梁啓超，字卓如，又字任甫，號任公，別號滄江，又號飲冰室主人。同治十二年生（1873）。廣東新會人。梁任公自小聰穎，約四、五歲時，祖父和母親教導《四子書》、《詩經》，於父親的私塾中，跟隨父親讀《中國略史》、《五經》。十歲時赴廣州應秀才之試，雖然落地，卻讓他對大城市大開眼界。光緒十年（1884），梁任公十二歲再赴廣州，中秀才。梁任公回憶兒時求學過程言：

> 八歲學爲文。九歲能綴千言。十二歲應試學院，補博士弟子員，日治帖括，雖心不慊之，然不知天地間於帖括外，更有所謂學也，輒埋頭鑽研，顧頗喜詞章。王父、父母授以唐人詩，嗜之過於八股。〔註1〕

光緒十一年（1885），梁任公於學海堂，鑽研詞章、訓詁學。光緒十四年成爲學海堂正班生，同時又爲菊坡、粵秀、粵華書院的院外生，跟隨呂拔湖、陳梅坪、石興巢學習。在學海堂近五年的求學歷程，奠定了深厚的古典學術基礎，他廣涉古籍，學習輯佚、校勘、辨僞、考釋之學，研讀《皇清經解》等

〔註1〕梁啓超：〈三十自述〉收入於《飲冰室合集》第二冊，原《飲冰室文集》卷十一，台北：中華書局，1989年3月，頁15。

清人研究經學著作，習得乾嘉治漢學精神。期間撰〈漢學商兌跋〉萬餘言，可惜今日已不傳。光緒十五年九月（1889），鄉試中舉人第八名，主考官李端棻，欣賞梁任公才華，將自己的妹妹李蕙仙許配給他。

光緒十六年（1890），入京會試落第。返家時途經上海，得讀徐繼畬所撰《瀛環志略》一書，始知世界有五大洲。見上海製造局所翻譯的西人書，才知除了十三經、二十四史外，還有西書、西學需學習。同年九月，經由陳千秋的介紹，拜康有爲爲師，接觸陸九淵、王陽明心學，和西方人的學問，以孔學、佛學、陸王心學爲體，史學、西學爲用。退出學海堂，不再鑽研舊學。梁氏云：

> 時余以少年科第，且於時流所推重之訓詁詞章學，頗有所知，輒沾沾自喜。先生（南海）乃以大海潮音，作獅子吼，取其所挾持之數百年無用舊學更端駁詰，悉舉而摧陷廓清之。自辰入見，及戌時退，冷水澆背，當頭一棒，一旦盡失其故壘，惘惘然不知所從事，且驚且喜，且怨且艾，且疑且懼，與通甫連床竟夕不能寐。明日再謁，請爲學方針，先生乃教以陸王心學，而並即史學、西學之梗概。自是決然捨去舊學，自退出學海堂，而閒日請業南海之門。生平知有學自茲始。〔註2〕

在康有爲的萬木草堂深究《宋元學案》、《明儒學案》、《資治通鑑》、《朱子語類》、《文獻通考》和研究佛典。期間協助康有爲校勘《新學僞經考》與分纂《孔子改制考》。

梁氏自認一生學問根基是在萬木草堂幾年學習打下。

> 先生爲講中國數千年來學術源流，歷史政治沿革得失，取萬國以比例推斷之，予與諸同學日禮札其講義，一生學問之得力，皆在此年。〔註3〕

光緒二十年（1890），中日戰爭爆發。梁任公走上經世濟民之途，參與康有爲主導「公車上書」活動。擔任李提摩太臨時秘書，得聞西方政治和歷史。光緒二十二年（1896），梁任公與黃遵憲、汪康年於上海創辦《時務報》，擔任

〔註2〕梁啓超：〈三十自述〉收入於《飲冰室合集》第二冊，原《飲冰室文集》卷十一，台北：中華書局，1989年3月，頁15。

〔註3〕梁啓超：〈三十自述〉收入於《飲冰室合集》第二冊，原《飲冰室文集》卷十一，台北：中華書局，1989年3月，頁17。

主筆，主張廢科舉、興學校、中西學並進。著《變法通義》、〈戒纏足會敘〉、〈讀西學書法〉。隔年十月與汪康年不合，離開《時務報》，於湖南時務堂講學三個月，四十位學生深深被他的學問人格感化。梁氏逃往日本時，十一位學生追隨，其中六位又跟隨唐才常在漢口起義而殉難。

光緒二十四年（1898），和康有為一起入京為保國會奔走。光緒帝召見康有為，推動變法，首要廢除八股取士，革除禮部滿漢兩尚書、四侍郎。三個月後宣布新政失敗，戊戌政變，慈禧太后掌握政權，下令囚禁光緒帝，格殺六君子，梁氏搭乘日本軍艦到日本東京避難。十月時在日本創辦《清議報》批評清廷朝政，三年後停刊。停刊後在橫濱創辦《新民叢報》，介紹西方學者和學說。陸續還辦過《新小說報》、《政論雜誌》，梁氏於日本將近十三年多生活，除了創辦報紙，還參與橫濱大同學校〔註4〕的創立。此時期的作品有《李鴻章》、〈南海康先生傳〉、《新民說》、〈生計學學說沿革小史〉、〈中國學術思想變遷〉、〈論小說與群治關係〉、《新大陸遊記節錄》、《子墨子學說》、《王荊公》、《管子傳》……等等。

宣統三年八月十九日（1911），武昌起義成功，十月，溥儀退位。九月十六日梁氏由日本返國。隔年，袁世凱於北京就任臨時大總統，袁世凱執政時，梁氏先後擔任司法總長、幣制局總長、政治顧問。民國四年袁氏欲稱帝，梁氏發表〈異哉所謂國體問題者〉，駁斥帝制。十二月袁世凱稱帝，梁氏南下參與討罰袁氏行動。袁世凱稱帝僅近四個月。翌年五月，反袁護國軍務院成立，梁氏擔任政務委員長兼撫軍。民國六年七月一日，張勳擁戴溥儀復辟，康有為支持張勳。梁氏支持段祺瑞討伐張勳，為段祺瑞擔任文書工作；二十多年師生情誼於此時決裂。十二日，馮國璋代理總統，段祺瑞組內閣，梁氏擔任財務總長，任期將近四個月。梁任公兩次入閣，皆因大環境艱困、軍閥掣肘無法施展其抱負。此時期的作品多和政治相關：〈中國立國大方針〉、〈政府大政方針宣言書〉、《國民淺訓》、〈中國前途之希望與國民責任〉、〈責任內閣釋義〉、〈治標財政策〉……等等。

民國七年（1918）和丁文江、張君勱、蔣百里、徐振飛、楊維新、劉子愷等人共遊英、法、比、荷、瑞、義、德，著《歐遊心影錄節錄》。民國九年（1920）返回上海後，認為應由教育入手，提高國民教育水準，至此鮮少參

〔註4〕梁任公於〈三十自述〉道：「己亥七月，復與濱人共設高等大同學校於東京，以為內地留學生預備科之用，及今之清華學校是也。」

與直接的政治活動。成立共學社，藉編譯西書、出版雜誌。同年九月與蔡元培、熊希齡合辦講學社，邀請西方著名學者到中國講學。和承辦上海中國公學，著《清代學術概論》、《墨經校釋》、《孔子》和多部佛學研究專著。陸續於天津南開大學、清華大學講學、主持清華國學研究院、擔任北京圖書館館長。

朱維錚道：

> 然而這位至死仍於政治方面有泛運動之興趣的人物，晚年的學者生涯，其實是中年政治生涯的直接繼續。〔註5〕

梁任公於此時期的學術作品較多，以《墨子學案》、《中國歷史研究法》、《先秦政治思想史》、《作文教學法》、《陶淵明》、《朱舜水年譜》、〈戴東原先生傳〉、〈戴東原哲學〉、〈近代學風地理的分布〉、《中國近三百年學術史》、《要籍解題及其讀法》、《國學入門要目及其讀法》、〈王陽明知行合一之教〉、《中國文化史》、《古書眞僞及其年代》、《辛稼軒年譜》等等作品爲例。梁任公於民國十八年（1939）正月十九日卒。

第二節　錢賓四生平

錢穆原名恩鑅，後改名爲穆，字賓四。錢氏曰：

> 余兄字聲一，余字賓四，皆先父所定。先兄原名恩第，余原名恩鑅。民元之春，先兄易名摯，余易名穆，六弟名藝字漱六，八弟名文字起八，皆先兄所定。〔註6〕

賓四先生上小學時，體育老師錢伯圭先生說出「今日的皇帝不是中國人的」，令年紀幼小的賓四先生受到震撼，進而詢問父親，才得知滿、漢兩族的區別，由此民族觀念在心中埋下。嚴耕望先生指出：

> 體育老師錢伯圭先生，鄉里之望，實乃革命黨人，以民族思想相啓導，先生民族意識特濃，實萌芽於此。〔註7〕

光緒三十三年（1907），錢賓四先生考入常州府中學堂。景仰屠寄精通文學

〔註5〕梁啓超原著、朱維錚校注：《清代學術概論》，北京：中華書局，2010年1月，頁22。

〔註6〕錢穆：《錢賓四全集》第五十一冊《八十憶雙親師友雜憶合刊》，台北：聯經出版社，1995年，頁27。

〔註7〕嚴耕望：《錢穆賓四先生與我》，台北：台灣商務印書館，1994年，頁4。

與史學及其勤奮向學的精神、向呂思勉學習歷史與地理、在童伯章的指導下，學習崑曲與各處地方戲。宣統三年（1911）因參與全年級學生建議校方改動課程，因而被退學，轉入南京鍾英中學就讀。民國元年（1912），因家中經濟不佳，錢賓四先生沒選擇繼續升學，應聘到七房橋附近秦家小渠的三間小學任教。一邊教書，一邊研讀《四書》、《五經》、《史記》。民國二年到八年（1913～1919）間，錢賓四先生於鴻模小學和無錫縣立第四高等小學任教，並就讀北京大學。民國十六年（1927），錢氏任教於蘇州省立中學，完成《國學概論》一書。民國十七年（1930），錢賓四先生應聘燕京大學教書，開始了數十年大學教書生涯。於北京大學任教完成《中國近三百年學術史》一書。民國三十八年（1949）應張其昀之邀，至香港協同創辦亞洲文商學院，隔年創辦新亞書院。民國四十四年（1955）代表教育部訪問日本，獲頒學術獎章，香港大學授予名譽博士。民國五十七年（1968）遷居台北素書樓，膺選中央研究院院士。民國七十九年（1990），逝世。

錢賓四先生的研究學術時期，據印永清先生可分爲三期：

> 分析錢穆的學術歷史，可以分爲三期：一是初期，也是學術發展的萌芽期，主要時間在二○年代，活動地點在無錫和蘇州，尤其是從一九二三年到無錫第三師範學校任教以後，學術研究漸入門徑，以史證子、以史證經，取得了輝煌成果。第二個時期是轉折期，即對國學的一般研究轉到對中國歷史的研究，時間是在一九三○到一九四五年，地點在北平各大學和西南聯大，錢穆一生的許多重要著作大多在這段時期完成。第三個時期是發展期，他的學術研究從史學轉移到思想文化史，時間主要是在抗戰勝利以後，一直到他去世；而對理學的研究，貫穿始終，到了晚年，尤其光大。〔註8〕

第一時期是萌芽期爲一九二○年代，任教於無錫江蘇省第三省立師範學校時，因教學編撰講義出版《論語文解》和《論語要略》兩本書。第二時期爲轉折期，錢賓四先生任教於大學歷史系，研究重點從國學轉換到中國歷史，出版《王守仁》、《周公》、《國學概論》、《惠施公孫龍》、《孟子研究》、《老子辨》、《先秦諸子繫年考辨》、《中國近三百年學術史》、《國史大綱》、《文化與教育》、《黃帝》、《政學私言》。郭其勇、汪學群指出：

〔註8〕印永清：《百年家族——錢穆》，台北：立緒文化事業有限公司，2002年10月，頁125～126。

> 先生任燕京大學、北京大學、清華大學、北平師範大學教授，講授先秦及近三百年來學術思想史，出版有關著作，其學術名流地位已逐漸確立。〔註9〕

第三時期一九四五年到一九九〇年逝世，研究重心從史學轉移到思想，並於此時奠定學術地位。這時期出版《中國文化史導論》、《中國人之宗教社會及人生觀》、《莊子纂箋》、《中國歷史精神》、《文化學大義》、《中國歷代政治得失》、《中國思想史》、《國史新論》、《宋明理學概述》、《四書釋義》、《人生十論》、《中國思想通俗講義》、《陽明傳習錄及大學問節本》、《秦漢史》、《莊老通辨》、《學籥》、《兩漢經學今古評議》、《湖上閒思錄》、《民族與文化》、《中國歷史研究法》、《史記地名考》、《中國文學講演集》、《論語新解》、《中國文化叢談》、《史學導言》、《中國文化精神》、《朱子新學案》、《朱子學提綱》、《中國史學名著》、《理學六家詩鈔》、《孔子與論語》、《孔子傳》、《孔子傳略・論語新編》、《中國學術通義》、《靈魂與心》、《中國學術思想史論叢》、《世界局勢與中國文化》、《歷史與文化論叢》、《雙溪獨語》、《古史地理論叢》、《中國文學論叢》、《八十億雙親、師友雜憶合刊》、《宋代理學三書隨箚》、《現代中國學術論衡》、《晚學盲言》、《新亞遺鐸》、《中國史學發微》、《講堂遺錄》、《素書樓餘瀋》。

錢賓四先生的思想形成和他所處的時代是有緊密的關係。黃文斌認爲有四個年代是值得留意的：

> 一是1904年他念小學時，受到錢伯圭師的啓蒙，對「中西文化問題」及「民族觀念」留下深刻的疑惑；另一個是1907年在常州府中學堂讀書時，看了梁啓超的文章而對中國是否有前途的問題作了思考；第三是1919年發生「五四新文化運動」。錢穆自認通過閱讀古籍所認識的「傳統文化」並非如「新文化運動」者所言般負面，故促使他日後走向論述民族傳統文化爲志的學術工作；第四是1931年錢穆到北大去教書，其「民族本位」與「學術經世」思想更加顯露。〔註10〕

〔註9〕郭其勇、汪學群：《錢穆評傳》，南昌：百花洲文藝出版社，1996年12月，頁1。

〔註10〕黃文斌：〈「民族本位」與「學術經世」——論析錢穆學術思想的歷史成因（1904～1950）〉，收於《錢穆思想學術研討會論文集》，台北：東吳大學，2005年10月，頁245。

「學術經世」和「民族本位」的學術思想特色在錢賓四先生所著《中國近三百年學術史》中能瞧見端倪。錢氏所著《中國近三百年學術史》認爲考據學爲理學的延續，是站在推崇宋學經世明道的角度出發。並以儒學爲敘述清代學術史的核心，顯示他認爲儒學是中國學術史發展的骨幹。

第三節　梁任公有關清代學術史之著作

梁任公一生著作豐富，內容包羅萬象，包含議論政治、創作詩詞、研究佛教思想和中國學術思想。陳祖武認爲梁啓超研究清代學術史的特色：開創性的宏觀研究、對清代學術發展規律的探索、一系列重要研究課題的提出、進行東西方文化對比研究的嘗試、學術史編纂題材的創新。〔註 11〕

若將其著作範圍縮小至清代學術思想，有《中國學術思想變遷之大勢・近世之學術》、《清代學術概論》、《中國近三百年學術史》、《近代學風之地理的分布》、《戴東原》、《南海康先生傳》、〈公祭康南海先生文〉、〈南海先生七十壽言〉〈黃梨洲朱舜水乞師日本辯〉、〈朱舜水年譜〉、〈清代通史序〉、〈顏李學派與現代教育思潮〉、〈明清之交中國思想界及其代表人物〉，以下做概略的介紹。

一、《中國學術思想變遷之大勢・近世之學術》

《中國學術變遷之大勢・近世之學術（啓明亡以迄今日）》成文年代，按梁任公《清代學術概論・自序》云：

> 余於十八年前，嘗著《中國學術思想變遷之大勢》，刊於《新民叢報》，其第八章論清代學術，……余今日之根本觀念，與十八年前無大異同〔註 12〕

自 1920 年向前推十八年，爲 1902 年，《近世之學術》成書爲 1902 年，但根據朱維錚的考證，《近世之學術》一書實寫於 1904 年。朱氏云：

> 《中國學術思想變遷之大勢》，發表於 1902 年，連載於當年的《新民叢報》，都是不錯的。問題是這篇長文凡九章，而《新民叢報》在

〔註 11〕陳祖武：《清儒學術拾零》，湖南：湖南人民出版社，1999 年 8 月，頁 315～320。

〔註 12〕梁啓超：〈清代學術概論・自序〉收於《中國近三百年學術史（附清代學術概論）》，台北：里仁書局，2005 年八月出版四刷。

當年僅連載第七章，便中斷了。中斷原因很清楚，因爲從 1903 年初起，梁啓超便泛舟於太平洋中，作「新大陸」之遊。……到 1904 年五月再返日本，重掌《新民叢報》筆政，同年夏天才續刊《中國學術思想變遷之大勢》的八、九兩章，兩章作成的時間，與前七章相距一年半，連題目也重擬了，發表時題作《近世之學術（起明亡以迄今日）》，……假如承認梁啓超在 1920 年所說「余今日之根本觀念，與十八年前無大異同」可信的話，則其中「十八年」應改爲「十六年」，才算屬實。〔註 13〕

《中國學術思想變遷之大勢》梁任公於總論將中國學術史分爲七大時代，依序爲胚胎時代（春秋以前）、全盛時代（春秋戰國）、儒學統一時代（兩漢）、老學時代（魏晉）、佛學時代（南北朝、隋、唐）、儒佛混和時代（宋、元、明）、衰落時代（清〔註 14〕）、復興時代（1904 年起〔註 15〕）。按朱維錚考證《新民叢報》連載此系列到第七章，因梁任公作新大陸之遊，暫時停筆，相隔一年半才撰寫〈近世之學術〉。

梁任公於〈近世之學術〉，將有清一代學術分爲四期；第一期爲明永曆至康熙中葉，第二期爲乾嘉時期，第三期梁任公命名爲最近世，學術思潮不再以考據爲主，以西漢今文學較勝。第四期爲梁任公寫此文時所處時代，受西方文明刺激，儒者們重視經世濟民思想，不再在故紙堆裡打滾。梁任公撰寫〈近世之學術〉先按照時間分期再分學派敘述學術特徵。因篇幅較爲短小，並未對每位儒者做生平介紹，採一二件事情敘述儒者們的個人特色。不採傳統學案體、不一一介紹各儒者的學術源流、交遊，而採用宏觀敘述各學派的特色。

梁任公對有清一代學術作了不高的評價：

綜舉有清一代之學術，大抵述而不作，學而不思，故可謂之爲思想最衰時代。〔註 16〕

〔註 13〕朱維錚：〈清代學術概論導讀〉，收於《清代學術概論》，北京：中華書局，2010 年，頁 33～34。

〔註 14〕梁任公原文爲「近二百五十年」，筆者按成書年代向前推回爲 1654 年，爲清順治十一年。

〔註 15〕梁任公原文爲「今日」。

〔註 16〕梁啓超：《中國學術思想變遷之大勢》，台北：台灣中華書局，1979 年 6 月，頁 100。

> 由此觀之，本朝二百年之學術，實取前此二千年之學術，倒影而繅演之。如剝春筍，愈剝而愈近裏；如啖甘蔗，愈啖愈有味，不可謂非一奇異現象也。〔註17〕

並指出學術發展和社會變化是具相關性。

> 現象誰造之？曰社會周遭種種因緣造之。凡一社會之秀異者，其聰明才力必有所用，用之於一方既久，則菁華既竭，後起者無復自樹立之餘地。故思別闢新殖民地以騁其腦識。宋學極盛百年，故受以漢學；漢學極盛數百年，故受以先秦。〔註18〕

二、《清代學術概論》

《清代學術概論》原爲梁任公替蔣方震所編《歐洲文藝復興史》所寫的序言，無料文章內容豐富，篇幅稍長，故單獨成爲一部著作，於一九二一年上海商務印書館出版。

梁任公於此書將清代學術思想按時間先後分別爲啓蒙期、全盛期、蛻分期、衰落期，並以佛說一切流轉相：生、住、異、滅，命名之。第一時期的啓蒙期爲對宋明理學的反動，以顧炎武、胡渭、閻若璩爲代表。第二期爲全盛期，惠棟、戴震、段玉裁、王念孫父子爲代表人物，梁任公命名爲正統派。第三期爲蛻分期，以康有爲、梁啓超爲代表人物。因先前正統派重視考據，學者以專經爲尚，於是產生今古文之爭。蛻分期即爲第四期衰落期，在乾嘉考據學之後，無法再創學術史另一高峰，因此思潮走向衰亡。梁任公提出「以復古爲解放」爲清代學術發展重點。

朱維錚認爲梁任公「復古」之說並非自創而是受到章太炎、劉師培等人影響。

> 十八年後梁啓超在《清代學術概論》中，將清代漢學表徵的「復古」思潮，比作歐洲的「文藝復興」，其實也是由章太炎在清末首倡，並由《國粹學報》的主將劉師培等多方發揮過的意見。〔註19〕

〔註17〕梁啓超：《中國學術思想變遷之大勢》，台北：台灣中華書局，1979年6月，頁102。

〔註18〕梁啓超：《中國學術思想變遷之大勢》，台北：台灣中華書局，1979年6月，頁102。

〔註19〕梁啓超原著、朱維錚校注：《清代學術概論》，北京：中華書局，2010年1月，頁39。

（劉師培）《清儒得失論》，著重通過明學與清學的比較，通過揭示清代學者之「病」，說明學術與政術、立言與事功的矛盾關係，認爲清廷的文化政策，將大批傑出學者趨入經史考證的狹小天地，而在實踐上無所作爲乃至卑污從俗，其學愈實，其政愈乖。這不僅彌補了章太炎《清儒》論述的不足，由它首刊於章太炎主編的《民報》而顯示獲得章太炎的激賞可證，而且也爲梁啓超撰寫《清代學術概論》取材。〔註 20〕

朱維錚撰寫《清代學術概論》導讀時，提及對這本書的看法：

《清代學術概論》，並不是一部單純的論述清代「思想界之蛻變」的專門史著作，同時也是梁啓超個人的一部學術回憶錄。作者曾在清末輿論界執牛耳的地位，本來就使人們對他在政、學兩界的實際經驗感到好奇，並且不斷歆動學者們的研究興味，況且作者又強調，他自述這段歷史，「純以自然客觀之精神論列之，即以現在執筆之另一梁啓超，批評三十年來史料上之梁啓超也」。〔註 21〕

又云：

《清代學術概論》敘述明末到清末近三百年的學術進程，凸顯所謂「時代思潮」爲主線，以佛典所謂生住異滅的流轉來比喻清學的蛻變，擇取既有研究成果令敘事可信，照顧邏輯首尾一貫以自圓其說，行文簡潔明快，似論從史出而實寓論於史，令人讀來忘卷，不知不覺入其彀中。〔註 22〕

近人吳廷嘉和沈大德給予此書極高的評價：

1920 年，他撰寫了輝煌專著《清代學術概論》，這是中國近代學術史上的一顆璀璨明珠。該書對清代學術的淵源、發展過程、主要學派及其他代表人物、主要學術觀點與學術價值及社會作用，各派之間的內在關係與演變軌跡與歷史原因，一一作了有系統的探悉和總結。其內容之廣博，觀點之深刻，氣勢之宏大，評價之精妙，文風

〔註 20〕梁啓超原著、朱維錚校注：《清代學術概論》，北京：中華書局，2010 年 1 月，頁 39。

〔註 21〕梁啓超原著、朱維錚校注：《清代學術概論》，北京：中華書局，2010 年 1 月，頁 5。

〔註 22〕梁啓超原著、朱維錚校注：《清代學術概論》，北京：中華書局，2010 年 1 月，頁 41。

之活潑，語言之簡賅，立意之新，創見之多，至今還未有出其右者。〔註 23〕

三、《中國近三百年學術史》

梁任公認爲清代學術史的發展經過不能僅以清朝的開始、滅亡爲界。提出以民國十年左右往前溯至晚明爲清代學術史的發展與衰微。《中國近三百年學術史》完成於《清代學術概論》三年後，以《清代學術概論》爲底本。此書論述清代學術的方法多按《明儒學案》、《宋元學案》的方式，詳述各學派的發展脈絡、代表人物的生平和學術觀點、學派傳承、附表敘述師友關係。梁任公於《清代學術概論》是以我國清代學術發展與歐洲文藝復興相比擬。《中國近三百年學術史》提出清代學術思潮爲「厭倦主觀的冥想，而傾向於客觀的考察。」〔註 24〕、「排斥理論，提倡實踐」〔註 25〕。清代學術思想和前朝不同，是因王學自身的反動、自然界探索的反動、歐洲曆算學的輸入、藏書及刻書的風氣漸盛、佛教徒反禪宗的精神，學者們不再研讀心性，轉向關注品德的實踐。《中國近三百年學術史》談論學派包括陽明學派的修正、經學的建設、史學的建設、程朱學派、實踐主義之外，也囊括了科學成就和清代學者們整理舊學（經學、小學、音韻學、校注古籍、辨僞書、輯佚書、史學、方志學、地理學、傳記及譜牒學、曆算學及其他科學、樂曲學）。

陳祖武認爲《中國近三百年學術史》是未完成的作品〔註 26〕，與清中葉之後的學術史，僅有綜論缺乏說明。

徐少知指出：

> 《中國近三百年學術史》是在《清代學術概論》的基礎下，進一步充實材料和內容。在斷代方面，上溯晚明，迄於民國初年；在內容方面，《概論》主要敘述清代重要學術流派，《學術史》則包含非主流各派和曆算、科學、地理、音樂，都有專章或專節論述；在寫作方法上，《概論》側重在「論」，《學術史》則屬細說體，是《概論》的演繹，爲了敘述一個學者或學派的見解，不惜長篇累牘、旁徵博

〔註 23〕吳廷嘉、沈大德：《梁啓超評傳》，南昌：百花洲文藝出版社，1996 年 12 月，頁 99。

〔註 24〕梁啓超：《中國近三百年學術史》，台北：里仁書局，2005 年 8 月，頁 1。

〔註 25〕梁啓超：《中國近三百年學術史》，台北：里仁書局，2005 年 8 月，頁 2。

〔註 26〕陳祖武：《清儒學術拾零》，湖南：湖南人民出版社，1999 年 8 月，頁 315。

引，有時不免遺贅言之譏。〔註27〕

王俊義、黃愛平評論梁任公《清代學術概論》、《中國近三百年學術史》時，指出梁任公的侷限：

> 梁啓超關於清代學術思想史的兩部代表性著作，畢竟寫於七零年之前，以今日的視角衡量，自然還存在著很大的局限。如作者對於殖民主義、帝國主義入侵中國這一影響清代學術思想發展演變的重要的社會政治因素，幾乎沒有涉及；對於孫中山、章太炎的思想學說，因帶有成見和偏見，也只是一筆帶過；對於「五四」新文化運動推動中國思想學術界發生的變化也避而不談，對於晚清人民群眾的反抗運動仍誣稱爲「亂」和「匪」。這些都反映了作者的階級偏見與學術成見。此外，由於作者聰慧異常、讀書極多、記憶驚人，撰寫論著，引用資料常不查原著，僅憑記憶寫出，導致書中人名、字號、書名及引語常有錯亂，此其著作不夠嚴謹和準確。〔註28〕

李帆將《論中國學術思想變遷之大勢》、《清代學術概論》、〈中國近三百年學術史〉三書作比較：

> 縱向比較，其《論中國學術思想變遷之大勢》近於思想史，《清代學術概論》近於學術思潮史，《中國近三百年學術史》方更貼近所謂學術史，這表明梁啓超愈到晚年愈想擺脱今文經學訓練所帶來的影響，回歸自幼便熟知的、講求訓詁考據的正統派。〔註29〕

四、《近代學風之地理的分布》

《清代學術概論》完成後，梁是有感於未將地方學術發展敘述完整，因此作《近代學風之地理分布》。地理區域的劃分大致上是按當時的行政區域。梁氏云：

> 本篇以行政區域分節，理論上本極不適當，貪便而已。抑捨此而別求一科學的區分法亦非易易也。今以十八行省附以奉天及在京之滿

〔註27〕徐少知：〈出版前言〉收入梁啓超：《中國近三百年學術史》，台北：里仁書局，2005年8月，頁4。

〔註28〕王俊義、黃愛平：《清代學術文化史論》，台北：文津出版社，1994年1月，頁9。

〔註29〕李帆：《章太炎、劉師培、梁啓超清學史著述之研究》，北京：商務印書館，2006年，頁132。

> 州蒙古人爲二十節，吉林、黑龍江、新疆無可紀者，只得闕焉。就中江蘇、安徽、浙江三省情形太複雜，更分區論次。〔註30〕

梁任公認爲因地理環境相似而產生相近的人才，或因不同地理形勢發展相異學說的「山西出將，山東出相」看法，可大致上解釋物質環境影響文化發展，但以朱陸學術發展爲例，從起源、發展、衰微、復興、沒落整個過程並非能以地理環境影響學術概括而論。故梁任公持「以心力改造環境而非倜然西汀環境所宰制」〔註31〕說法。

梁任公撰寫《近代學風之地理分布》態度採「案而不斷」僅羅列有清一代當地學風、學者生平、學術成就，並未多著墨於產生此情況的原因。以梁任公撰寫〈山西〉爲例：

> 山西介直隸陝西之間，而學風寥闃特甚。清初可述者，僅一陽曲傅青主以氣節文章明於時。蓋古之震奇人也，不得目以學者，太原閻百詩在清代經師中首屈一二指。然生長山陽，畢生僅一度回原籍應試而已。其於晉學，直可謂無關係。康熙末葉，有絳州辛復元、洪洞范彪西俱以陸王教於鄉里。然所就似尚淺狹，至嘉慶間乃有壽陽祁鶴皋初在史館研究蒙古諸部之離和封襲，中間又以事譴戍伊犁，遂益究心邊事，著藩部要略西域釋地等書，爲西北地理專門學之創始者。道光間則平定張石洲繼之，所著蒙古游牧記、北魏地形志等益精核，又撰顧閻年譜有理法，晉士始爲天下重。清季有聞喜楊漪村爲戊戌殉難六君子之一，行誼學問皆具有本末，中遇摧折，其學無傳者。〔註32〕

五、《戴東原》

《戴東原》裡收入了〈戴東原先生傳〉、〈戴東原哲學〉、〈戴東原著述纂校書目考〉、〈戴東原圖書館緣起〉、〈戴東原生日二百年紀念會緣起〉。〈戴東原圖書館緣起〉介紹戴東原圖館的緣由、收羅資料範圍和建此圖書館的

〔註30〕梁啓超：《近代學風之地理的分布》，台北：台灣中華書局，1971年2月，頁2。

〔註31〕梁啓超：《近代學風之地理的分布》，台北：台灣中華書局，1971年2月，頁5。

〔註32〕梁啓超：《近代學風之地理的分布》，台北：台灣中華書局，1971年2月，頁11。

目的。

按此書成文先後，〈戴東原生日二百年紀念會緣起〉此文最早。梁任公爲民國十三年在北京舉辦「東原學術講演會」寫的徵文稿。預備和學者們共同討論戴東原在學術上的位置、音聲訓詁的成就、算學上的成果、戴東原的治學方法、戴東原的哲學及其批評、戴東原著述考、戴東原師友及其弟子。並特別提及戴東原的研究方法和情感哲學，是戴氏留於學術界兩大價值。

梁任公本打算寫五篇關於戴震的文章，礙於時間有限，僅完成〈戴東原先生傳〉、〈戴東原哲學〉、〈戴東原著述纂校書目考〉。梁氏云：

> 我對於這回東原生日紀念本打算做五篇論文。一是東原先生傳、二是東原著述考、三是東原哲學、四是東原治學方法、五是顏習齋與戴東原。因校課太忙，始終沒有空執筆，其初本是在舊曆十二月二十四日舉行的，後來議定換算陽曆，忽然提早十天，我越發趕不過來。現在已成三篇，都是僅十天工夫趕的。〔註33〕

〈戴東原先生傳〉梁任公主要參考洪榜初〈戴先生行狀〉、段玉裁〈戴東原先生年譜〉，以王昶〈戴先生墓誌銘〉、錢大昕〈戴先生震傳〉、余廷燦〈戴東原先生事略〉、凌廷堪〈戴東原先生事略狀〉、孔廣森〈戴氏遺書總序〉、江藩〈國朝漢學師承記〉、李元度〈國朝先正事略〉等人資料爲輔。梁任公簡略的介紹戴東原之生平、師友、治學精神、治學方法、韻學成就、天文知識、算法學識、地理學成就……等等。

〈戴東原哲學〉羅列出研究戴東原的資料：初稿和定稿的兩本《原善》、《孟子字義疏證》和《緒言》、《經韻樓本東原集卷八卷九》。梁任公認爲研究戴東原的思想需先釐清一些觀念：一、戴東原作《孟子字義疏證》是欲先藉由認識文字後聞道。二、戴東原的思想並非排斥當代敵派學術，而是還原孔孟學說的原貌。三、戴東原哲學是對孔孟學術的解說是合於時代性。梁任公簡介戴東原的思想：客觀的理義與主觀的意見、情慾主義、性的一元與二元論、命定的自由意志、修養與實踐。梁任公文章的章節有列出戴東原的宇宙觀和戴東原哲學的反響，因礙於時間所囿，並未完成。

戴東原的著述涵蓋經學、哲學、小學、天文曆算、地理方志、機械物理。其中有未完成、未刊印、未完成亦未刊印、已佚。上列情況今日雖無法見到原文，我們雖無法見到，但可參考諸家爲戴東原所寫的傳略，例：洪榜《戴

〔註33〕梁啓超：《戴東原》，台北：台灣中華書局，1970年5月，頁38。

東原先生傳》、段玉裁《戴東原先生年譜》、錢大昕《戴先生震傳》、凌廷堪〈戴東原先生事略狀〉、孔廣森〈戴氏遺書總序〉、江藩〈國潮漢學師承記〉、李元度〈國朝先正事略〉和《清史列傳・戴震傳》等等。梁任公作〈戴東原著述纂校書目考〉依照段玉裁《戴東原先生年譜》將戴氏著作分爲著述和纂校兩類，以年代爲次呈現：

> 本篇依段注年譜，以著作先後爲次，無論已成未成、已刻未刻，或存或佚、爲著爲校讀著共著，皆列入。仿朱氏《經義考》例，全錄原序，有應考證論列者則綴以案語。〔註34〕

著述類：《策算》一卷、《六書論》三卷、《考工記圖》二卷、《轉語》二十章、《爾雅文字考》十卷、《屈原賦》注七卷通釋二卷音義三卷、《詩補傳》無卷數、《句股割圜記》三卷、《金山志》無卷數、《原善》三卷、《原象》一卷、《迎日推策記》一卷、《聲韻考》四卷、《緒言》三卷、《直隸河渠書》一百一十卷、《汾洲府志》三十四卷、《汾陽縣志》口口卷、《方言疏證》十三卷、《儀禮考正》一卷、《孟子字義疏證》三卷、《聲類表》九卷、《毛詩鄭考正》四卷、《尚書義考》二卷、《春秋改元即位考》一卷、〈學禮篇〉、《大學補注》一卷、《中庸補注》一卷、《經考》五卷、《歷問》一卷、《古歷考》二卷、《水池記》三十卷、《唐宋文知言集》二卷、《氣穴記》一卷、《藏府象經論》四卷、《藏府贅言》四卷、《文集》十卷、《戴東原集》十二卷。

纂校類：《校水經注》四十卷、《校周髀算經》二卷、《纂校九章算術》九卷、《纂校五經算術》二卷、《纂校海島算經》一卷、《纂校孫子算經》三卷、《纂校張丘建算經》三卷、《纂校夏侯陽算經》三卷、《纂校五曹算經》五卷、《校大戴禮記》口卷、《校儀禮集釋》口卷、《纂校儀禮釋宮》口卷、《纂校儀禮識誤》口卷。

鮑師國順先生於《戴東原學記》〔註35〕考證出，梁任公遺漏了戴東原所撰《周禮太史正歲年解》二篇、《孟子私淑錄》、《經考》附錄七卷、《續方言手稿》二卷、《續天文略》三卷、《周髀北極璿機四游解》二篇、《九章補圖》一卷、《屈原賦注初稿》三卷、《制義》一卷、《經義十八首》、〈贏旋車記〉、〈自轉車記〉、〈讀淮南洪保一篇〉。戴氏纂校《孟子趙注》、《孟子音

〔註34〕梁啓超：《戴東原》，台北：台灣中華書局，1970年5月，頁41。

〔註35〕鮑師國順：《戴東原學記・東原之著作》，台北：國立政治大學中國文學研究所博士論文，1978年6月。

義》、《蒙齋中庸講義》四卷、《絹合算經》一卷、《數術記遺》一卷、《項氏家說》十二卷。

六、《南海康先生傳》、〈南海先生七十壽言〉、〈公祭康南海先生文〉

梁任公於光緒二十七年（1901）戊戌變法失敗後作《南海康先生傳》。分〈家世及幼年時代〉、〈修養時代及講學時代〉、〈委身國事時代〉、〈教育家之康南海〉、〈宗教家之康南海〉、〈康南海之哲學〉、〈康南海之中國政策〉、〈人物及其價值〉。民國十四年（1925）撰寫〈南海先生七十壽言〉、〈公祭康南海先生文〉。梁氏以學生角度撰寫康南海，並以「先時人物」〔註36〕稱呼康南海：

> 康南海果如何之人物乎？吾以爲謂之政治家，不如謂之教育家。謂之實行者，不如謂之理想者。一言蔽之，則先生者，先時之人物也。〔註37〕

梁任公認爲康南海具備了理想、熱誠、膽氣，三種人格特質，雖然處理事情有些許的激動，世人是不能忽略康氏的優點。〈家世及幼年時代〉簡略介紹康南海的家庭背景與幼時被稱爲「聖人爲」的趣事、〈修養時代及講學時代〉述康氏拜朱九江爲師，學習中國史學。朱九江逝世，康氏自學，研讀中國史學、陸王心學、佛典、西學。於里城、桂林講學。於長興講學的情況，可參見〈南海先生七十壽言〉：

> 堂中有書藏，先生自出其累代藏書置焉。有樂器庫，先生置琴竽干戚支屬略備。先生每逾午則升坐講古今學術源流，每講輒歷二三小時，講者忘倦，聽者亦忘倦。〔註38〕

〈委身國事時代〉梁任公敘述戊戌變法的精神和失敗的過程。〈教育家之康南

〔註36〕梁任公云：「先時而生者，其所志無一不拂戾，其所事無一不挫折。而其及深亦復窮愁潦倒、奇險殊辱、舉國欲殺、千夫唾罵，甚乃身死絕域，血濺市朝……則先時人物者，社會之原動力；而應時之人物所從出也。質而言之，則應時人物者，時勢所造之英雄；先時人物者，造時勢之英雄也。」見氏著：《飲冰室文集之六・南海康先生傳》，收入《飲冰室合集》第二冊，原《飲冰室文集》第六，台北：台灣中華書局，2003年，頁58。

〔註37〕梁啓超：《飲冰室合集》第五冊，原《飲冰室文集》第四十四，台北：台灣中華書局，1989年3月，頁27。

〔註38〕梁啓超：《飲冰室合集》第二冊，原《飲冰室文集》第六，台北：台灣中華書局，1989年3月，頁63。

海〉梁任公記錄了長興學設之綱領：志於道、據於德、依於仁、游於藝、義理之學、考據之學、經世之學、文字之學。並安排學生擔任博文科學長、約禮科學長、干城科學長、書器庫監督，各司其職，督促同學向學。

〈宗教家康南海〉記載康南海立孔教之義：進步主義、兼愛主義、世界主義、平等主義、強立主義、重魂主義。〈康南海之哲學〉康南海的哲學可分博愛、主樂、進化、社會主義四區塊談。梁任公於〈公祭康南海先生文〉簡述《大同書》思想內容：

> 爰有其書，書曰大同。晉世患之所自始。哀民艱之不可終窮。謂一切惡業皆起於自私其我，救之之道在廓天下而爲公，貨惡棄地而不必藏諸己，力惡不出而恥以自澤其躬。家之名不立，則誰獨親其親而子其子，國之界不存，則安有溝池城郭以爭長雄。師以謂是孔子所有志未逮，後之善治者舍此其莫從。〔註39〕

〈康南海之中國政策〉康南海提出的中國政策。〈人物及其價值〉文章最末，梁任公總括康氏之行事特色、對中國的貢獻。梁任公爲康南海的弟子，所撰寫的史實多爲他親眼所見、親耳所聞，例：

> 然則戊戌之役，爲敗乎？爲成乎？君子曰成。〔註40〕

> 先生不徒有教育家之精神而已，又備教育家之資格，請品行方峻，其威儀嚴整，其授業也，循循善誘，至誠懇懇，殆孔子所謂誨人不倦者焉。其講演也，如大海潮、如獅子吼，善能振盪學者之腦氣，使之悚息感動，終身不能忘。又常反覆說明，使聽者渙然冰釋，怡然理順，心悅而誠服。〔註41〕

史料之珍貴，後世學者研究康南海不能忽略《南海康先傳》、〈南海先生七十壽言〉、〈公祭康南海先生文〉。

七、〈黃梨洲朱舜水乞師日本辯〉、《朱舜水年譜》

朱之瑜，字魯璵，舜水爲他在日本所取的號，以示不忘祖國之情。曾

〔註39〕梁啓超：《飲冰室合集》第五冊，原《飲冰室文集》第四十四，台北：台灣中華書局，1989年3月，頁30。

〔註40〕梁啓超：《飲冰室合集》第二冊，原《飲冰室文集》第六，台北：台灣中華書局，1989年3月，頁63。

〔註41〕梁啓超：《飲冰室合集》第二冊，原《飲冰室文集》第六，台北：台灣中華書局，1989年3月，頁64。

參加抗清活動，協助鄭成功復明，魯王失敗後，便東度日本。德川光圀對朱舜水格外敬愛，讓他參與編《大日本史》。在日本傳播漢學直至八十三歲逝世。

梁任公爲首位研究朱舜水的學者，作〈朱舜水年譜〉時，將與舜水交往之人紀錄清楚。朱舜水影響日本漢學文化甚深，梁任公認爲要了解此點，須從他的弟子和朋友著手。故在《年譜》裡，梁任公詳細描述安東守約、黑川正直、侯源光國……等人的交遊情形。梁任公作《朱舜水年譜》止筆非朱舜水逝世，爲清朝滅亡，理由如〈附錄〉所言：

> 我做朱舜水年譜在他死後還記了若干條，那是萬不可少的，他是明朝的遺臣，一心想驅逐滿清，後半世寄往日本，死在日本，他曾說過，滿人不出關，他的靈柩不願回中國，他自己做了耐久不壞的靈柩，預備將來可以搬回中國，果然那靈柩的生命，比滿清還長，至今尚在日本，假使我們要去搬回來，也算償了他的志願哩。我因爲這一點，所以在年譜後記了太平天國的起滅，及辛亥革命清世遜位直到了滿清覆亡，朱舜水的志願纔算償了。假如這年譜在清朝做，是做不完的，假如此類年譜沒有譜後，是不能成佳作的。〔註 42〕

梁任公另篇文章和朱舜水相關，爲〈黃梨洲朱舜水乞師日本辯〉。梁任公先指出全謝山撰黃梨洲乞師說法爲誤，再以全氏寫馮躋仲二次東渡日本無立說之處批評全氏所言值得商榷。因當時朱舜水已留寓日本，史家便將馮躋仲乞師糾葛之，梁任公考據出此爲附會之說〔註 43〕，梁任公云：

> 乞師之是非，別一問題，其有無不足爲梨洲舜水榮辱。惟茲事幾成歷史上鐵案，而遠於事實乃如彼，故不可以無辯。海東逸史不知何許人，日本人今井弘濟安積覺者，舜水親炙弟子也。其所撰舜水先生行實，即不載此事，可謂傳言，讀惜以全謝山之淹博綜覈而有此失，吾用是益感治史之不易易也。〔註 44〕

〔註 42〕梁啓超等：《朱舜水先生年譜、金忠潔先生年譜、陳乾初先生年譜、張楊園先生年譜》，台北：廣文書局，1971 年 11 月，頁 75～76。

〔註 43〕梁氏案：「至躋仲在王翊軍中時，舜水則在舟山。其祭王侍郎文云：『瑜去舟山未盈月而先生死已。』然則其時安得有躋仲東行事？更安得舜水與偕耶？」見氏著：《飲冰室文集之四十・黃梨洲朱舜水乞師日本辯》，收入《飲冰室文集》第四十，台北：台灣中華書局，1989 年 3 月，頁 33。

〔註 44〕梁啓超：《飲冰室合集》第五冊，原《飲冰室文集》第四十，台北：台灣中華書局，1989 年 3 月，頁 33。

八、〈清代通史序〉

梁任公窮一日夜力讀蕭一山所作《清代通史》的前四篇，三十餘萬言。贊同蕭氏提出明清嬗代之樞機，爲歐亞接觸之端緒的看法。梁任公也認同蕭氏取史料的方法，撰寫筆法，特地爲此書寫一篇序。

> 蕭子之於史，非直識力精越，乃其技術亦罕見也。……日日與此至賾至動之事實作緣，新力常注於其中，而眼光常超於其外。嘻！非志毅而力勤，心果而才敏者，其孰能與於斯。〔註45〕

民國五十二年（1963），蕭一山才完成五卷本《清代通史》。

九、〈顏李學派與現代教育思潮〉

梁任公作〈顏李學派與現代教育思潮〉的背景基於顏李學說與當時的現代思潮某部分不謀而合、希望能吸引當時教育家注意顏、李的教學方法與理論。先介紹顏習齋學術精神「習」字具備兩種意思：一個人的性格好壞皆是由種種習慣所鑄成、除學習之外無法藉由他法得到學問。梁任公曰：

> 我們把他的話勉強分析，可以說是兩種習法：一爲修養品格起見唯一的功夫是改良習慣，二爲增益才智起見唯一的功夫是練習實務。〔註46〕

顏、李認爲紀錄於紙片上的學問不能稱爲眞學問，故反對讀書和著書。口頭上的學問也不能算是學問，因此反對講學。顏李反對讀書爲積極並非消極，叫人把讀書的歲月精神改成做眞正學問。梁任公藉由顏李學說希冀改善當時「裝罐頭的讀書教育」。〔註47〕

十、〈明清之交中國思想界及其代表人物〉

梁氏先概述了中國學術思想分期、流變及特色。分期方法跟撰寫特色和

〔註45〕梁啓超：《飲冰室合集》第四冊，原《飲冰室文集》第四十一，台北：台灣中華書局，1989年3月，頁2～3。

〔註46〕梁啓超：《飲冰室合集》第四冊，原《飲冰室文集》第四十一，台北：台灣中華書局，1989年3月，頁7。

〔註47〕梁任公云：「習齋說後世講學家正做了這章書的反面，『著之而不行焉，查矣而不習焉，終身知之而不由其道者眾也。』可謂妙語解頤，我想這種毛病，不獨漢宋學者爲然，現代的學校教育，怕什有九還是這樣吧！」見氏著《飲冰室文集之四十一·顏李學派與現代教育思潮》收入於《飲冰室合集》第四冊，原《飲冰室文集》第四十一，台北：台灣中華書局，1989年3月，頁26。

《中國學術思想變遷之大勢》相似。梁任公主張明末清初的學風和歐洲「文藝復興」時代有許多相像之處。明末清初的時代背景有四點特色：理學反動、耶穌會教士東來、政治、康熙帝的英明。梁氏於此文，簡略的介紹各學術的代表人物生平及其學術特色：（一）黃道周和劉宗周、（二）孫奇逢和李顒、（三）顧炎武和王夫之、（四）黃宗羲和朱之瑜、（五）顏元和李塨、（六）徐光啓和宋長庚、（七）王錫闡和梅文鼎、（八）徐宏祖和顧祖禹、（九）萬斯同和戴名世、（十）方以智和劉獻廷、（十一）德清和智旭、（十二）孔尚任和曹學芹。梁任公曰：

> 以上所講十二類二十四箇人，大概可以代表那時候思想界的全部了。其餘各方面人物尚多，不能全述。〔註48〕

梁氏肯定此時期學術思想爲除了孔孟時代，爲最有價值的時代。

第四節　錢賓四有關清代學術史之著作

錢賓四先生一生著作豐富，內容包羅萬象，包含議論政治、論語研究、理學思想、中國歷史和中國文化精神。若將其著作範圍縮小至清代學術思想，有《國學概論》、《中國近三百年學術史》、《清儒學案》、《中國學術思想論叢（八）》，以下做簡略的介紹。

一、《國學概論》

民國十二年，錢賓四先生任教於無錫江蘇省立第三師範時，依照學校規定，除了教授國文課之外，還得再開一門選修課。錢氏曰：

> 三師又規定，每一國文教師，隨班遞升，於國文正課外，每年必兼開一課。第一年爲「文字學」，第二年爲「論語」，第三年爲「孟子」，第四年爲「國學概論」。子泉、穎若各自編講義，余亦循例。〔註49〕

民國十六年，因北伐戰況危急，學校暫時停課，錢賓四先生回鄉小住二個月。因學校改組，錢賓四先生轉入蘇州中學任教，按照《國學概論》編寫進度，

〔註48〕梁啓超：《飲冰室合集》第四冊，原《飲冰室文集》第四十一，台北：台灣中華書局，1989年3月，頁36。
〔註49〕錢穆：《錢賓四全集》第五十一冊《八十憶雙親師友雜憶合刊》，台北：聯經出版社，1995年，頁136。

續教後三章，於民國十七年完成《國學概論》一書，經呂思勉先生推薦，由商務印書館出版發行。陳勇曰此書的成書過程：

> 他每寫好一章，就把油印本寄給錢基博請求指正，又與老同學施之勉多次通信，討論秦焚書坑儒及兩漢經學問題。〔註50〕

《國學概論》付梓後，即成爲全國中等學校教科書。寫作方式非經、史、子、集四部分述，是參照梁啓超《清代學術概論》，按照朝代發展敘述學術思想的特色，使讀者們閱讀此書時能綜觀學術史發展情況。羅義俊先生作〈錢賓四先生傳略〉評論此書道：

> 是書編例不採章太炎同名作論經史子集之體，鑒取梁任公《清代學術概論》之大意，出自手眼，專論經子之學，闡發自春秋孔子至民初諸子每一學術思想流轉變遷之大勢，與學術文化眞相。其尤要者，爲民初以來首次集中全面但言簡意扼地整理新文化運動、東西文化論戰、科玄論戰、戴季陶論三民主義等的最新期學術思想，清理現代全盤性反傳統主義和西化思潮，欲以喚醒國人之民族文化之意識。〔註51〕

二、《中國近三百年學術史》

民國二十年秋天，錢賓四先生在北京大學歷史系任教，教授「中國上古史」、「秦漢史」兩門必修課，另再開一門選修課「近三百年學術史」。「近三百年學術史」課程，梁任公曾於清華大學教授〔註52〕。錢賓四先生對於梁任公的研究和看法持不同的意見，並將這些研究成果置入上課講義。錢氏曰：

> 余因與任公意見相異，故特開此課程，自編講義。一日，某君忘其名，來電話，詢余「近三百年學術史」最近講到陳乾初〈大學辨〉一篇，北平最富藏書，但此間各友好皆不知此文出處。並舉馮芝生爲例。君於何處得讀此文。余答：「余之講義，付北大講義室，待下週去上課時，始領取分發，君何先知？」彼在電話中大笑，謂：「君此講義人人可向北大講義室預定。先睹者已羣相討論，君竟不知此

〔註50〕陳勇：《國學宗師錢穆》，北京：北京大學出版社，2007年，頁59。

〔註51〕羅義俊：〈錢賓四先生傳略〉收入李振聲編《錢穆印象》，上海：學林出版社，1997年，頁33。

〔註52〕錢穆：《錢賓四全集》第五十一冊《八十憶雙親師友雜憶合刊》，台北：聯經出版社，1995年，頁166。

事，可笑可矣。」亦可想見當時北平學術風氣之一斑。蓋因余在任公卒後不久，竟續開此課，故群相注意也。〔註 53〕

錢賓四先生撰寫時正值九一八事變，見中國和日本的狀況，中國節節敗退，令錢賓四先生認爲中國近年來引進西方的思想、學習方式並未改善中國的國勢。藉由此本書宣揚中國的傳統做學問方法和民族思想的主張。余英時先生指出：

《中國近三百年學術史》特「夷夏之防」，正是因爲這部書在抗戰前夕寫成的。這時中國又面臨一次「亡國」的危機。因此書中「招魂」意識表現十分明顯。〔註 54〕

《中國近三百年學術史》記載了五十一位清儒思想。錢賓四先生於一開始即反對梁任公說清代思潮爲理學反對一說，認爲理學和考據之學具有連結關係：

治近代學術者當何自始？曰：必始於宋。何以當始於宋？曰：近世揭櫫漢學之名以與宋學爲敵，不知宋學，則無以平漢宋之是非。且言漢學淵源者，必溯晚明諸遺老。〔註 55〕

自王畿體認王陽明四句教：「無善無惡心之體，有善有惡意之動，知善知惡是良知，爲善去惡是格物。」爲頓悟之學理，開啓了束書不觀、游談無根的風氣。清初諸大儒皆批評此風氣。顧炎武提倡「經學及理學」強調經世之用學問的重要性，空談義理對社會的貢獻太少。清儒如孫奇逢、陸世儀等人是修改王學末流空談之弊。黃宗羲教導學生並非僅有修身養性，並教導讀經史，其學生全祖望開創了浙東史學之風。

《中國近三百年學術史》首章爲引論。第二章到第十四章是敘述明清之儒。黃梨洲（附陳乾初、潘用微、呂晚村）、王船山、顧炎武（駙馬驌）、顏習齋李恕谷、閻潛丘毛西河（附姚立方、馮山公、程緜莊、胡東樵、顧宛溪）、李穆堂（附萬孺廬、王白田、朱止泉、全謝山、蔡元鳳）、戴東原（附江愼修、惠定宇、程易田）、章實齋（附袁簡齋、汪容甫）、焦里堂、阮芸臺、凌次仲（附許周生、方俍之）、龔定庵（附莊方耕、莊葆琛、劉申受、宋于庭、魏默深、戴子高、沈子敦、潘四農）曾滌生（附羅羅生）、陳

〔註 53〕錢穆：《錢賓四全集》第五十一冊《八十憶雙親師友雜憶合刊》，台北：聯經出版社，1995 年，頁 166。

〔註 54〕余英時：〈一生爲故國招魂〉收入《猶記風吹草上鱗》，台北：三民書局，19995 年，頁 26。

〔註 55〕錢穆：《中國近三百年學術史》，台北：學生書局，1996 年，頁 1。

蘭甫（附朱鼎甫）、康長素（朱子襄、廖季平、譚復生）戴師景賢先生對此書作了以下評論：

> 細繹其書，似錢先生主張清初至於清中中間實經歷學術上一極大變化，清乾嘉之走向考據與前期精神已有所差異，當畫分以觀。錢先生此說較之《清代學術概論》書中將清學視爲同一趨勢所衍成，固是極爲不同。亦可謂錢先生之以清初上推晚明，乃視清初與晚明爲一延續的發展，具有獨特的學術地位，上不同於明學之反動，下亦有別於清中；而任公則以清學爲宋明學之反動，此一反動思潮爲整箇清學發生之根源。〔註 56〕

三、《清儒學案》

抗戰期間，政府擬重編宋元明清四朝學案，以利推廣閱讀之便，宋元明三朝學案依據黃宗羲、全祖望之《宋元學案》，和黃宗羲《明儒學案》刪約成書。錢賓四先生應政府之命撰寫《清儒學案》，雖有先前撰寫《中國近三百年學術史》爲基礎，但錢賓四先生不願草率了事，仍重閱舊作，重新撰稿。

錢氏覺得唐鑑《學案小識》和徐世昌《清儒學案》皆有缺失需要修正，錢氏曰：

> 吾中央正值抗戰艱險之際，有意合刊宋元明清四朝學案簡編，頒之中外，其意可深長思矣。惟清儒學案，雖有唐徐兩家成書，而唐書陋狹，缺於閎通，徐書氾濫，短於裁別，皆不足追蹤黃全之舊業。〔註 57〕

> 唐鑑鏡海之學案小識，其書專重宋學義理，而篇末亦附經學，經學之名復與漢學有別，即宋明諸儒，豈得謂其非經學乎？唐書於黃梨洲顏習齋諸人，均入經學，則何以如顧亭林王船山諸人又獨爲道學？分類之牽強，一望可知。其編道學，又分傳道、翼道、守道諸門，更屬偏陋無當。……徐世昌菊人之清儒學案，全書二百八卷，一千

〔註 56〕戴師景賢：〈錢穆〉收入《中國歷代思想家（二十四）》，台北：台灣商務印書館股份有限公司，1999 年，頁 272。

〔註 57〕錢穆：《清儒學案序．中國學術思想史論叢（八）》，台北：東大圖書有限公司，1980 年 3 月，頁 367～367。

> 一百六十九人，迄於清末，最爲詳備，然旨在搜羅，爲見別擇，義理考據，一篇之中，錯見雜出。清儒考據之學，軼出前代遠甚，舉凡天文、曆算、地理、水道、音韻、文字、禮數、名物，凡清儒考訂之所及，徐書均加甄采而均不能窮其閫奧，如是則幾成集錦之類書，於精於博兩吾取矣。〔註58〕

錢賓四先生於《中國學術史論叢（八）・序》指出《清儒學案》一書以〈李二曲〉、〈甯都七子〉、〈汪大紳〉三篇用力尤深，將二曲一生思想著作，分年編入新年譜。將甯都七子互相討論《中庸》「已發未發」問題，條貫敘述。成書約四五十萬字，皆由錢賓四先生親手鈔寫。因當時家境貧苦，無多餘金錢請人謄寫副本，便將原稿寄予國立編譯館，不料抗戰結束後，此書運往南京的途中，沉沒於長江。因四川省立圖書館將〈序目〉一文收入所編《圖書季刊》，猶能明白《清儒學案》一書分目，錢賓四先生將此〈序目〉收入《中國學術思想論叢（八）》。

《清儒學案》花八個月的時間撰寫，約四五十萬言，凡四編六十四個學案。取材方式，見錢氏曰：

> 故編次清儒學案最難者在無統宗綱紀可標，在無派別源流可指；然因其聚則聚之，因其散則散之，正不妨人各一案，轉自肖其眞象，雖亦黃全兩家之面目，實符黃全兩家之用心，何必亦顰亦趨，乃爲師法？本編竊取斯旨，每人作案，不標家派，不分主屬，至其確有家派主屬者，則固不在此限也。〔註49〕

> 惟漢學而專爲考據者不錄。朱陸而各務譏罵者亦不錄。斯道之在斯世，本如日月光明，人所共覩，亦有語自圓正，而落格套近空洞者亦不錄。又如全謝山所譏，其書雖純乎經，而其人則純乎緯者亦不錄。亦有其人確乎醇儒，言行無疵累，堪爲後世矜世，而本編亦多棄置。〔註60〕

第一編：〈夏峯學案第一〉、〈梨洲學案第二〉、〈楊園學案第三〉、〈桴亭學

〔註58〕錢穆：《清儒學案序・中國學術思想史論叢（八）》，台北：東大圖書有限公司，1980年3月，頁368。

〔註49〕錢穆：《清儒學案序・中國學術思想史論叢（八）》，台北：東大圖書有限公司，1980年3月，頁369～370。

〔註60〕錢穆：《清儒學案序・中國學術思想史論叢（八）》，台北：東大圖書有限公司，1980年3月，頁370～371。

案第四〉、〈亭林學案第五〉、〈船山學案第六〉、〈石莊學案第七〉、〈程山學案第八〉、〈二曲學案第九〉、〈習齋學案第十〉、〈乾初學案第十一〉、〈蒿菴學案第十二〉、〈潛齋學案第十三〉、〈燕峰學案第十四〉

第二編：〈潛庵學案第十五〉、〈稼書學案第十六〉、〈西河學案第十七〉、〈恕谷學案第十八〉、〈圃亭學案第十九〉、〈繼莊學案第二十〉、〈南畇學案第二十一〉、〈念魯學案第二十二〉、〈餘山學案第二十三〉、〈孝先學案第二十四〉、〈凝齋學案第二十五〉、〈止泉學案第二十六〉、〈穆堂學案第二十七〉

第三編：〈雙池學案第二十八〉、〈榕門學案第二十九〉、〈翠庭學案第三十〉、〈籊谷學案第三十一〉、〈公復學案第三十二〉、〈謝山學案第三十三〉、〈東原學案第三十四〉、〈易畤學案第三十五〉、〈大紳學案第三十七〉、〈尺木學案第三十八〉、〈實齋學案第三十九〉、〈次仲學案第四十〉、〈里堂學案第四十一〉、〈芸臺學案第四十二〉

第四編：〈鏡塘學案第四十三〉、〈誨叔學案第四十四〉、〈鏡海學案第四十五〉、〈四農學暗第四十六〉、〈儆居學案第四十七〉、〈心伯學案第四十八〉、〈生齋學案第四十九〉、〈竹如學案第五十〉、〈強齋學案第五十一〉、〈默深學案第五十二〉、〈通甫學案第五十三〉、〈羅山學案第五十四〉、〈九江學案第五十五〉、〈東塾學案第五十六〉、〈滌生學案第五十七〉、〈筠仙學案第五十八〉、〈霞仙學案第五十九〉、〈融齋學案第六十〉、〈儆季學案第六十一〉、〈香濤學案第六十二〉、〈古愚學案第六十三〉、〈東甫學案第六十四〉

四、《中國學術思想史論叢（八）》

《中國學術思想史論叢（八）》是錢賓四先生於晚年時整理自己關於清代學術的短篇著作，內容包含有儒者學述、讀書心得。寫作方法和《中國近三百年學術史》不同，不再以學案體方式撰寫。以〈王船山孟子性善義闡釋〉爲例，是探討王夫之闡釋孟子道性善之義，這方面的議題是在《中國近三百年學術史・王船山》未見。也有些許人物在《中國近三百年學術史》並未提起，例：顧景范、崔東壁。

收錄文章可概分五種：（一）概論清代學術：〈前期清儒思想之新天地〉、〈清儒學案序〉。（二）學述：〈陸桴亭學述〉、〈顧亭林學述〉、〈陸稼書學述〉、〈呂晚村學述〉、〈王白田學述〉、〈錢竹汀學述〉、〈羅羅山學述〉、〈朱九江學述〉、〈太炎論學述〉。（三）考據類：〈跋康熙丙午刊本方輿紀要〉、〈跋嘉慶乙丑刻九卷本讀史方輿紀要〉。（四）讀書心得、補充《中國近三百年學述史》資料：〈讀朱舜水集〉、〈記姚立方禮記通論〉、〈續記姚立方詩經通論〉、〈記鈔本戴東原孟子私淑錄〉、〈王船山孟子性善義闡釋〉、〈讀姜白巖尊行日記〉、〈讀段懋堂經韻樓集〉、〈記鈔本章氏遺書〉、〈崔東壁遺書序〉、〈讀古微堂集〉、〈讀康南海歐洲十一國遊記〉、〈餘杭章氏學別記〉。徐雁平先生評論此書言：

> 事實上，錢先生在寫此批論文時，有擴充增補《學術史》之意。檢讀《論叢八》，發現錢先生在行文中至少有十五次提及《學術史》；擴充增補《學術史》之意亦多次予以明示，如關於呂留良的〈呂晚村學述〉，「此篇稽之《晚村文集》，撮記其生平，以附本編稼書一篇之後，并以補往年《學術史》舊書所未詳。徐世昌《清儒學案》摭述張揚園、陸稼書兩家著書有關於晚村生平者數事，殆似未見晚村集也。余撰《學術史》時，亦已據《晚村文集》，惟今所述，與《學術史》詳略互異，讀者可參閱。」〔註61〕

〔註61〕徐雁平：〈錢穆先生的清代學術思想史研究——以《中國學術思想論叢（八）》爲例〉收於《博覽群書》，2005年03期，頁43。

第三章　梁任公、錢賓四有關清代學術史之研究比較

第一節　清代學術思想史主潮及其形成的背景

梁任公和錢賓四先生二人論清代學術史的主潮是不大相同。梁任公認爲清代學術史是對宋明理學的一大反動，進而產生考據學蔚爲風潮的局面。錢賓四先生主張清代考據學蓬勃的發展，僅是宋明理學形下工夫的展現，考據學僅是脫胎於宋明理學，並非獨創。在清代學術思想形成背景上，梁任公較多著墨，錢氏較少。

一、梁任公論清代學術思想史主潮及其形成的背景

（一）主要思潮

梁任公認爲有清一代的學術思潮爲「厭倦主觀的冥想，而傾向於客觀的考察」〔註1〕、「排斥理論，提倡實踐」〔註2〕、「以復古爲解放」〔註3〕、和「清學之出發點，在對於宋、明理學一大反動」〔註4〕。梁任公曰：

> 「清代思潮」果何物耶？簡單言之：則對於宋明理學之一大反動，而以「復古」爲其職志者也。〔註5〕

〔註1〕梁啓超：《中國近三百年學術史》，頁1。
〔註2〕梁啓超：《中國近三百年學術史》，頁1。
〔註3〕梁啓超：《清代學術概論》附入於《中國近三百年學術史》，頁11。
〔註4〕梁啓超：《清代學術概論》附入於《中國近三百年學術史》，頁12。
〔註5〕梁啓超：《清代學術概論》附入於《中國近三百年學術史》，頁8。

綜觀二百餘年之學史，其影響及於全思想界者，一言以蔽之，曰：「以復古爲解放。」第一步：復宋之古，對於王學而得解放；第二步：復漢、唐之古，對於程、朱而得解放；第三步：復西漢之古，對於許、鄭而得解放；第四步：復先秦之古，對於一切傳注而得解放。夫既已復先秦之古，則非至對於孔孟而得解放焉不止矣。然其所以能著著奏解放之效者，則科學的研究精神實啓之。今清學固衰落矣，「四時之運，成功者退。」其衰落乃勢之必然，亦事之有益者也，無所容其痛惜留戀；惟能將此研究精神轉用於他方向，則清學亡而不亡也矣。〔註6〕

宋明理學興盛之後，學術思潮漸漸不再重視史學，轉而重視理學，專注於心性工夫。明代滅於異族，使學者們自省「無事袖手談心性，臨危一死報君王」。僅談心性事無法救國，開始重視形下實踐。梁任公以四階段的復古談論清代學術史的發展與流變，第一階段的復宋之古，是清儒力改明代新學的虛妄學風。第二階段復漢、唐之古，此時期的學術風潮走向考據發展，追求經典傳注的正確性。第三階段復西漢之古，是謂公羊之學，學者們治問不在拘泥於文字訓詁。第四階段是復先秦之古，非止步於孔孟，倒開啓了研究精神。雖然各時代的學術思潮有興起必定有衰落之時，梁氏認爲這是無可避免之事。但是將研究精神轉爲他用，那清代學術可算不滅亡矣。

清初學術主要是以改革王學末流空談的風氣，明末學者劉蕺山反省陽明學派於明末時的流弊，以愼獨爲工夫，察覺心之所存。梁任公云：

王學末流狂恣滋甚，徒以一二口頭禪相尚。其對於自己也，去實踐愈遠。其對於社會也，去實用愈遠，物極必反。然後諸君子不得不以嚴整之戒律，繁博之考證，起而矯之。〔註7〕

梁任公認爲清初學術對理學大反動成功，除了王學自身的反動，尚有晚明開始重視探索自然界和歐洲曆算學的輸入，皆影響學者始喜談經世致用之學。明末藏書和刻書的風氣漸盛，逐漸開啓讀書風氣。晚明出現王學的反動，於佛教上也出現改革，蓮池、憨山、澫益三位大師皆反禪宗，注重學理。丘爲君言：

在梁啓超看來，「理學反動說」不僅在解釋明末清初的思潮有效，在

〔註6〕梁啓超：《清代學術概論》附入於《中國近三百年學術史》，頁11。
〔註7〕梁啓超：《中國學術思想變遷之大勢》，頁84。

> 解釋清代思想發展的轉折亦受用，但是在關於後者方面，梁啟超的「理學反動說」，其實是緊扣住前面所提到的「復古」這一觀點而發的。也就是說，梁氏對清代學術思想特質所提出的系統解釋——「理學反動說」，是不可以和他「復古」這一概念分割開來的。在政治史上，「復古」常會給人予「保守」的負面聯想，但是在梁任公看來，清代學術思想史的「復古」卻是進步性質的意義，用他的話來說，二百餘年的清代學術思想發展史之眞精神，便是在於「以復古爲解放」這一特色上。〔註8〕

丘氏已整理出梁任公對清代學術史的緣由和發展情況：「理學反動」「以復古爲解放」之特色。梁任公提出「理學反動」一語，可視爲清代學術史的特色亦可視爲清代學術史發展的原因，而「復古」一詞解釋清代學術史的變化，「復古」不似以往認定保守、退步的觀念，反倒具有追求眞實和進步的意涵，改善了宋明理學側重談論心性，忽略經世致用和經史考證之學的弊病。

康、雍以來，皇帝皆提倡程朱理學，王學日益衰微，朱學重新被重視，但因民間學者多走向考據學，朱學也邁入了衰微之途。鮑師國順云：

> 在清初考據的目的，是爲了致用，而其本身只有工具的意義。到了乾嘉時期，觀念發生變化，考據的價值，被視爲等同於著作，其地位已從工具的層次，上升到目的的層次。而純粹的考據之學，也由此獲得了獨立的生命。學者可以以考據作爲畢生的事業，考據有成，還可以列入於聖哲之林。曾國藩評選古今成功人物，考據一門，取列王念孫、王引之父子，全因其「集小學訓詁之大成」(《聖哲畫像記》)，就是最好的說明。〔註9〕

清初考據學萌芽本是經世致用的工具，至乾嘉時期，儒者們重視考據這門學問，講求方法，考據學發展至巔峰。

考據學發展愈盛，研究範圍越發狹小。梁任公指出：

> 其一：考證學之研究方法雖甚精善，其研究範圍卻甚拘迂。就中成績最高者，爲訓詁一科；然經數大師發明略盡，所餘者不過糟粕。

〔註8〕丘爲君：〈清代思想史「研究典範」的形成、特質與義涵〉，《清華學報》24卷4期，1994年12月，頁454～455。

〔註9〕鮑師國順：〈清學的名義與特質〉收入於《清代學術思想論集》，20002年九月，頁16～17。

> 其名物一科，考明堂，考燕寢，考弁服，考車制，原物今既不存，聚訟終末由決。典章制度一科，言喪服，言禘祫，言封建，言井田，在古代本世有損益變遷，及群書亦末由折衷通會。〔註 10〕

考據學的研究方法可粗略的分爲文字、音韻、訓詁，梁氏認爲清代考據學發展爲訓詁這門學科發展最盛，達到鼎盛時，自然就會走向下坡；研究的材料範圍相同，研究學者眾，且研究目的相同時，是很難開啓新風貌。

戴震弟子孔廣森著《公羊通義》、莊存與《春秋正辭》始重視微言大義，兩人開啓了清代學術史不同面貌。梁任公論清代學術史的面貌：

> 由此觀之本朝二百年之學術，實取前此二千年之學術，倒影而繅演之。如剝春筍，愈剝愈近裡。如啖甘蔗，愈啖而愈有味，不可謂非一奇異之現象也……凡一社會之秀異者，其聰明才力必有所用，用之於一方既久，則精華既竭。後起者無復自樹立之餘地，故思別闢新殖民地以騁其腦識。宋學即盛數百年，故受以漢學，漢學極盛數百年，故受以先秦。〔註 11〕

清初學風以反理學、修正王學爲主，乾嘉宗考據之學，道咸以來，公羊今文經學興起，學風從訓詁考據，轉向經世致用。從乾嘉考據之學轉爲公羊今文經學，梁氏稱爲「清代學術史分裂」。筆者概略論述梁任公論述清代學術史分裂〔註 12〕原因可歸爲二類：學派自行的分裂、和環境變化所促成。

學派自身的分裂可分爲三種：1. 考證學之研究雖精善，但範圍侷限。經許多大師發明略盡，所餘者不過糟粕。有清一代學術以提倡「實」字而盛，卻不能貫徹「實」字而衰。2. 凡一有機體發育成至一定的限度，則凝滯不復進，將因凝滯而腐敗衰謝，此是不滅定律，學派之蛻變也是如此。清學之興是因對明學的撻伐，至乾、嘉以降，清學已成炙手可熱。且乾、嘉之後，思想界成漢學專制的局面。學派自身不完美有缺點，而加以專制，爲破滅之預兆。3. 清學教人尊古，又教人善疑。當時大家所共信的知識，一定會受到某部分人懷疑，本派中一定會有異軍突起，使本派動搖。

由環境變化所促成的分裂：1. 清初「經世致用」學風中絕，是因學風趨於歸納，厭其空泛。嘉、道之後，有些讀書份子發現自己無法挽救國家頹勢，

〔註 10〕梁啓超：《清代學術概論》附入於《中國近三百年學術史》，頁 11。

〔註 11〕梁啓超：《中國學術思想變遷之大勢》，頁 102。

〔註 12〕梁任公言：「清學分裂之導火線，則經學今古文之爭也。」

歸咎於學非所用。2. 清學的發源地本在江、浙。清末江、浙動亂不已，文獻蕩然無存。有志之士並不以發展學問爲己志。3. 鴉片戰爭後，西學進入，大多數學者皆支持西學，對正統派舉反對牌。

（二）清學形成背景

梁任公認爲清代學術史的變遷受政治影響甚深，歸納出七大原因：

1. 明朝腐敗、滅亡：明末，學者多拋棄明心見性的空談，專講經世致用的實務，不是爲學問做學問，而是爲新政治建設做學問。因不肯和滿州人合作，寧可把「經世致用」之學託諸空言，從事學者生活，以求改變學風坐收將來的效果。此時期的代表人物爲：黃梨洲、朱舜水、顧亭林、王船山。梁氏曰：

> 吾嘗推原之，以晚明政治之腐敗，達於極點。其結局至舉數千年之禹域，漁爛以奉諸他族，創鉅痛深，自古所未嘗有也。故瑰其特有血性之君子，咸惕然於天下興亡匹夫有責，深覺夫講求實際應用的政論之不容已。此其由時勢所造成者一也。姚江學興，既舉前此破碎支離之學而一掃之。晚明百年間，學者咸有發揚蹈厲之氣，異於前代，儒之有俠風也，孕而育之者姚江也。〔註13〕

2. 康熙十二、十三年實施懷柔政策：清廷政府覺得利用武力使武將降服，並無太大的困難；馴服讀書人才是艱困的難題。綜看文獻，可整理清初政府對付文人實施三階段政策。〔註14〕康熙皇帝親政，對待文人採用三階段政策：舉薦山林隱逸、推薦博學鴻儒、康熙十八年開明史館。其中屬編纂《明史》政策最爲成功，許多原本不願和清廷合作的文人，因愛戀故國文獻，不得不參與《明史》的編纂，也因此減少對清廷的批判。梁氏曰：

> 清興首開鴻博，以網羅知名士，不足則更徵山林隱逸，以禮相招。不足則復大開明史館，使夫懷故國之思者，或將集焉，上下四方，皆入其網矣。〔註15〕

康熙帝是勤奮好學、堅信科學，又精通天文曆算，批判梅文鼎的《算書》。請

〔註13〕梁啓超：《中國學術思想變遷之大勢》，頁84。

〔註14〕梁任公言：「滿州政府用全副精神對付這問題，政策也因時因人而變。略舉大概可分三期：第一期：順治元年至十年，約十年間：利用政策。第二期，順治十一、二年至康熙十年，約十七、八年間：高壓政策。第三期，康熙十一、二年後：懷柔政策。」見氏著：《中國近三百年學術史》，頁20。

〔註15〕梁啓超：《中國學術思想變遷之大勢》，頁90。

耶穌會的洋人學者輪流日講數學、物理學、天文學、全體學。並好理學，崇尙程、朱。

順治元年到康熙二十年，約三、四十年間，是前明遺老支配學界，對王學實行革命，目的在經世致用。康熙二十年後，後起新秀多半在新朝生長，對於新朝的仇恨自然減少。經世之學淪爲空談，學問流派分爲四支：閻若璩、胡謂一派之經學承顧炎武之緒，下開乾嘉學派。梅文鼎曆算書一派，上承晚明利瑪竇、徐光啓科學精神。陸桴亭、陸稼書程朱學，於王學、漢學間折衷過度。顏習齋、李剛主實踐學。

3. 教會行動影響學界：因康熙帝喜好科學，故科學於清初時悄悄萌芽。梁氏曰：

> 自明之末葉，利瑪竇等輸入當時所謂西學者於中國，而學問研究方法上，生一種外來的變化。其初惟治天算者宗之，後則漸應用於他學。

但因羅馬教皇不允許中國拜祖宗，引起朝野人士憤怒，康熙四十六年，將教皇派來的公使送到澳門監禁，使傳教士帶來的學問嘎然而止。

相傳另一教會行動影響學界，是康熙末年各皇子爭位。耶穌會教徒支持皇太子允礽，喇嘛寺僧支持允禎，後允禎即位，耶穌會的勢力削減許多。

4. 雍正、乾隆喜干涉人民思想，使得學者的聰明才力，皆全部用力於註釋古典，才能避禍。梁任公曰：

> 自康雍間屢興文字獄，乾隆承之，周納瘉酷，論井田封建稍近經事先王之志者，往往獲得意外譴。乃至述懷感事，偶著之聲歌，遂罹文網者，趾相屬，又嚴結社講學之禁，晚明流風餘韻，銷匿不敢出現。學者舉手投足，動遇荊棘，懷抱其才力智慧，無所復可用，乃駢轃於說經。昔傳內廷演劇，觸處忌諱，乃不得已專演封神西遊牛鬼蛇神種種詭狀，以求無過，本朝之治經術者亦然，銷其腦力及其日力於故紙之叢，苟以遁死而已。〔註16〕

梁任公認爲乾嘉時期的學風和近世科學研究法相近，並命名爲「科學的古典學派」，主要的工作爲經書的箋釋、史料之蒐補鑑別、辨僞書、輯佚書、校勘、文字訓詁、音韻、算學、地理、金石、編纂方志、類書、校刻叢書。

5. 乾隆晚期，學者不問政治的立場改變。例如：王念孫、洪亮吉應詔直

〔註16〕梁啓超：《中國學術思想變遷之大勢》，頁91～92。

言。常州學派的公羊家龔自珍和魏源開始援經議政，兩人的著述影響光緒初期的思想界頗深。

6. 洪楊之亂，開啓三條新路：（1）宋學復興。乾嘉以來，漢學家門戶之見極深，支離破碎後，曾國藩以宋學相砥礪。（2）西學的講求。受到失香港、火燒圓明園的刺激，學者開始發憤自強，重視船堅炮利背後的學問。（3）排滿思想之引動。

7. 清朝將近滅亡之時，學者思索救國方法。分為四派：（1）梁任公和他的朋友：力謀中國過去善良思想。（2）嚴復翻譯英國功利主義派的書籍。（3）孫中山，提倡社會主義。（4）章太炎考據一派，上承黃梨洲、全謝山影響甚深，欲將考據學開創新方向。

二、錢賓四對清代學術思想史主潮及其形成的背景

一九三一年，錢賓四先生於北京大學講授「中國近三百年術史」，因不贊同梁任公的觀點，遂自編講義。不認同梁任公認為清代學術思潮是「厭倦主觀的冥想」而「傾向於客觀的考察」，錢賓四先生主張：

> 要之有清三百年學術大流，論其精神，仍自延續宋明理學一派，不當與漢唐經學等量比擬，則昭昭無可疑者。抑學術之事，每轉而義進，途窮而必變。兩漢經學，亦非能蔑棄先秦百家而別創其所謂經學也，彼乃包孕先秦百家而始為經學之新生。宋明理學，又豈僅包孕兩漢隋唐之經學而已，彼蓋並魏晉以來流布盛大之佛學並包之，乃始有理學之新生焉。此每轉亦進之説也。〔註17〕

錢賓四先生一語道出清代學術是理學的延續，和梁任公主張清代學術為理學的反動，是完全不同的觀點。梁任公認為學術思潮皆會經過生、住、異、滅四階段，新的思潮會取代舊的思潮成為主潮。錢賓四先生則持著「每轉益進」的解釋，看待中國學術思想。宋明理學包孕先秦百家、兩漢經學、魏晉以來的佛學，後期的學術主潮皆受前朝學術主潮影響，不可切割。錢賓四先生在此觀念敘述清代學術，自然不會贊同梁任公的觀點。

梁啓超言：「清代思潮果何物耶？簡單言之：則對於宋明理學之一大反動」錢賓四先生反對此理論，認為理學和清代的考據學是具有連結關係。

〔註17〕錢穆：《中國學術思想史論叢（八）》，頁366～367。

錢氏云：

> 至近代學術者當何自始？曰：必始於宋。何以當始於宋？曰：近世揭櫫漢學之名以與宋學爲敵，不知宋學，則無以平漢宋之是非。且言漢學淵源者，必溯晚明諸遺老。〔註18〕

> 宋元諸儒，固未嘗有蔑棄漢唐經學之志。觀通志堂經解所收，衡量宋元諸儒研經績業，可謂蔚乎其盛矣。清代經學，亦依然延續宋元以來，而不過切磋琢磨之益精益純而已。理學本包孕經學爲再生，則清代錢嘉經學考據之盛，亦理學進展中應有之一節目，豈得據是而謂清代乃理學之衰世哉？〔註19〕

錢賓四先生主張欲了解清代學術史的發展情況，必須上推至晚明學風。東林繼起，學風有由王返朱之勢。時代思潮並非是取代前朝產生，反而是奠基於前朝人的研究成果。故宋明理學的產生除了革除漢唐之學弊病，也同時吸收了良好的研究成果和佛教之學孕育而成。相同的道理，觀看清代學術史，考據學是理學發展的另一種面貌而已。

錢氏所著《中國近三百年學術史》，首重東林學風，認爲論述清初學術史，需上述東林學風。學術是呈現延續性，清初的學術特質已可從東林學風瞧出端倪，東林領袖顧涇陽和高景逸皆提倡格物，是王學的第一次修正。錢氏云：

> 今自乾、嘉上溯康、雍，以及於明末諸遺老；自諸遺老上溯東林以及於陽明，更自陽明上溯朱、陸以及北宋之諸儒，求其學術之遷變而考合之於世事，則承先啓後，如繩秩然，自有條貫，可不如持門戶道統之見者所云云也。余故述近三百年學術，而先之以東林，見風氣之有自焉。〔註20〕

錢賓四先生認爲清代學術不能以經學考證定義，考證學成爲清代學術的主流，是乾嘉二朝之後的事。考據並非是清初學術主流，僅是萌芽而已。錢氏云：

> 言清代學術者，率盛誇其經學考證。固也。然此在乾、嘉以下則然耳。若夫清初諸儒，雖已啓考證之漸，其學術中心，固不在是，不

〔註18〕錢穆：《中國近三百年學術史》，台北：學生書局，頁1。
〔註19〕錢穆：《中國學術史論叢（八）‧清儒學案序》，頁364。
〔註20〕錢穆：《中國近三百年學術史》，頁21。

得以經學考證限也。〔註21〕

清初儒者們面對國家政權轉移，卻無力救國救民和懼怕文字獄的心態和乾嘉時期的儒者專心致志於學問是大不相同。且錢賓四先生認爲宋明理學相傳已久，雖然明末心學已流於空談，清初王學弟子紛紛提出矯正之見，學術風氣的轉變並非從理學立刻變成考證之學。錢氏主張：

> 又況夫宋、明以來，相傳六百年理學之空氣，既已日釀日厚，使人呼吸沉浸於其中，而莫能解脫。而既病痛百出，罅漏日甚，正心誠意之辨，無救於國亡種淪之慘。則學者怵目驚心，又將何途之出，以爲我安身立命之地，而期康濟斯民之實？此又當時諸儒一切已之問題也。〔註22〕

《國學概論．清代考證學》舉出第一位挽救心學流弊的儒者爲黃宗羲。錢氏以劉宗周門下弟子做爲清代學術的開場人物，可知在錢賓四先生心裡認爲清代學術和宋明理學〔註23〕是具有傳承、矯弊關係。錢氏曰：

> 梨洲嘗謂：「讀書不多，無以證斯理之變化。多而不求於心，則爲俗學。」拔趙幟，立漢幟，以多讀書證斯心，精神猶是，體貌全非，此是學術思想之轉步處也。〔註24〕

黃梨洲所言：「讀書不多，無以證斯理」這和王龍溪闡釋王陽明四句教「無善無惡心之體，有善有惡意之動，知善知惡是良知，爲善去惡是格物」心即理的看法已不大相同。劉宗周重視「愼獨」代表著晚明王學學者不再只注重「心之體」，漸漸著重觀察「意之動」形下工夫。梨州重視讀書的言論，可視爲王學的修正，修正了空談心性的風氣。錢賓四先生認爲可由此處看出清初學風的轉變。

東林議政的學風至康、雍，逐漸停止。學者不再議政，怕招惹牢獄之災。學者不在議政後，逐漸靜靜地研究故紙堆裡的學問。錢賓四先生和梁任公皆認爲清代文字獄、政府箝制讀書人思想是考據學蓬勃發展原因之一。

> 而康、雍以來，清廷益以高壓反動，文字獄屢興。學者乃以論政爲

〔註21〕錢穆：《國學概論》，頁，246。

〔註22〕錢穆：《國學概論》，頁，246。

〔註23〕錢賓四先生直言清初理學具：「輕本體而重工夫」、「以義理爲虛，以氣質爲實」特徵。錢穆：《國學概論》，頁248。

〔註24〕錢穆：《國學概論》，頁247。

> 大戒，鉗口不敢吐一辭。重足疊跡，羣趨於鄉愿之一途。〔註25〕
>
> 滿清最狡險，入室操戈，深知中華學術深淺而自以利害爲之擇，從我者尊，逆我者賤，治學者皆不敢以天下治亂爲心，而相率逃於故紙叢碎中，其爲人高下深淺不一，而皆足以壞學術、毀風俗而賊人才。〔註26〕

李穆堂是陸王學派最後一人，爲官經三黜仍不改其志業。錢賓四先生於《中國近三百年學術史・李穆堂》時，略提及清代學術史往考據學發展之因：

> 然則穆堂之在聖朝，得保首領已萬幸，尚何高言踐履功業！謝山深悲之，曰：「公平生以行道濟時爲急，用世之心最殷，故三黜而其志未嘗少衰，浩然之氣亦未嘗少減；然而霜雪侵尋，日以剝落，菁華亦漸耗。」又曰：「公有萬夫之稟，及中年百鍊，芒彩愈出，豈知血肉之軀，終非金石，竟以是蕉萃殆盡。」嗟乎！是可謂深識穆堂之志氣遭遇者矣。如是而言義理、經濟，幾何其不折入於訓詁考據之業者！〔註27〕

筆者和丘爲君的看法相同：

> 雖然錢穆教授不論在他的《中國近三百年學術史》一書，或者具有回憶錄性質的《師友雜憶》中，均未公開地或明顯地批評梁任公在清代學術思想史這一方面的主要觀點與見解，不過從兩人在同樣書名的《中國近三百年學術史》的結構、內容與觀點來看，我們都可以看到兩書相當明顯的差異。在這些的差異當中，尤其以兩人對考據學與理學在清代學術思想史上究竟應該給予何等的評價這一重要問題上，有著明顯的距離。這一距離，我們可以用「尊漢貶宋」與「繼承——發展」這兩個觀念的區別加以討論。〔註28〕

梁任公是以復古爲解放的角度闡釋清代學術史，認爲清代學術史的主潮和形成背景皆是對理學的反動。而錢賓四先生是站在學術思想皆是以「繼承——發展」這條脈絡發展，清代學術史發展不可和宋明理學切割而論。

〔註25〕錢穆：《中國近三百年學術史》，頁20。

〔註26〕錢賓四：《自序・近三百年學術史》，頁3～4。

〔註27〕錢穆：《中國近三百年學術史》，頁313～314。

〔註28〕丘爲君：〈清代思想史「研究典範」的形成、特質與義涵〉，《清華學報》24卷4期，1994年12月，頁466。

第二節　清代學術的分期

梁任公於 1904 年完成《中國學術思想變遷之大勢・近世之學術》提出清代學術分期和各時期的學術界主要討論的問題。

> 順康（程朱陸王問題）、雍乾嘉（漢宋問題）、道咸同（今古文問題）、光緒（孟荀問題、孔老墨問題）。〔註 29〕

1921 年付梓《清代學術概論》將佛教論一切流轉相「生、住、異、滅。」四階段論述清代學術思想的分期。1924 年出版《中國近三百年學術史》論清代學術思想分期同於《清代學術概論》。〔註 30〕

錢賓四先生於〈前期清儒思想之天地〉一文裡，將清代學術分爲兩個階段：世祖順治入關至乾嘉、道咸至清朝滅亡。於〈清儒學案序〉時，將清代學術史以晚明遺老、順康雍、乾嘉、道咸同光，四期論清代學術思想發展狀況。

一、梁任公對清代學術思想史之分期

梁任公於《清代學術概論》一開始先解釋「時代思潮」

> 凡文化發展之國，其國民於一時期中，因環境之變遷，於夫心裡之感召，不期而思想之進路，同趨於一方嚮，於是相與呼應洶湧，如潮然。始焉其勢甚微，幾莫之覺；寖假而漲——漲——漲，而達於滿度；過時焉則落，以漸至衰熄。〔註 31〕

時代思潮並不會呈水平線式的運動，而是成波浪狀起伏，梁氏將之比擬爲海潮漲落，達至滿度定會衰退，新的思潮會慢慢漲大，漸漸取代舊思潮。梁氏認爲中國歷代學術思想並非每個都學時代思潮，惟漢代經學、隋唐佛學、宋明理學、清代考證學稱爲時代思潮而已。時代思潮因持續的群眾運動而成，參與運動的人員，各不相謀，進行運動的手段也不盡相同。於是同時期的時代思潮分爲無數小派推動，其中必定有一種或多種的共同觀念成爲思想的出發點。起初較微弱，隨運動著強大，甚至成爲當時代的潮流。梁任公認爲此

〔註 29〕梁啓超：《中國學術思想變遷之大勢》，頁 102。

〔註 30〕梁任公云：「但部分解剖以前，像應該先提挈大勢，令學者得著全部大概的印象。我現在爲省事起見，將舊作《清代學術概論》頭一段鈔下來做個引線」，見氏著：《中國近三百年學術史》，台北：里仁書局，2005 年 8 月，頁 15。

〔註 31〕梁啓超：《清代學術概論》附入於《中國近三百年學術史》，頁 6。

種具權威性的觀念是呈現「宗教色彩」〔註 32〕，因此梁氏將佛教「生、住、異、滅」四階段說明清代思潮的發展。

> 佛說一切流轉相，例分四期，曰：生，住，異，滅。思潮之流轉也正然，例分四期：一、啓蒙期（生）。二、全盛期（住）。三、蛻分期（異）。四、衰落期（滅）。無論何國何時代之思潮，其發展變遷，多循斯軌。〔註 33〕

第一期啓蒙期是對舊思潮反動之期，新時代的建設精神正實驗中，棄取未定。第二期全盛期爲破壞事業已告終，經前期培育之結果，思想內容日益充實。第三期蛻分期是前人開拓完畢，學者只能做窄而深的研究，新派和舊派產生對峙。第四期衰落期爲支派分裂，暴露缺點，難敵衰落的命運。

梁任公認爲影響啓蒙期思想發展原因可歸納三個原因爲：

> 第一：承明學即空疏之後，人心厭倦，相率返於沉實。第二：經大亂後，社會比較的安寧；故人得有餘裕以自厲於學。第三：異族入主中夏，有志節者恥立乎其朝；故刊落聲華，專集精力以治樸學。第四：舊學派權威既墜，新學派系統未成，無「定於一尊」之弊；故自由研究之精神特盛。〔註 34〕

梁任公評論啓蒙期的學術特色爲：

> 啓蒙期者，對於舊思潮初起反動之期也。舊思潮經全盛之後，如果之極熟而致爛，如血之凝固而成淤，則反動不得不起。反動者，凡以求建設新思潮也。然建設必先之以破壞，故此期之重要人物，其精力皆用於破壞，而建設蓋有所未遑。所有未遑者，非閣置之謂；其建設之主要精神，在此期間必已孕育，如史家所謂「開國規模」者然。雖然，其條理未確立，其研究方法正在間錯試驗中，棄取未定。故此期之著作，恆駁而不純。但在殽然粗糙之中，自有一種元氣淋漓之象。此啓蒙期之特色也。〔註 35〕

〔註 32〕梁任公云：「一部分人，以宣傳捍衛爲己任，常以極純潔之犧牲的精神赴之。及其權威漸立，則在社會上成爲一種公共之好尚；忘其所以然，而共以此爲嗜。若此者，今之譯語，爲之「流行」！古之成語，則曰「風氣」。風氣者，一時的信仰也；人鮮敢攖之，亦不樂攖之，其性質幾比宗教矣。」見氏著：《清代學術概論》附入於《中國近三百年學術史》，頁 6～7。

〔註 33〕梁啓超：《清代學術概論》附入於《中國近三百年學術史》，頁 7。

〔註 34〕梁啓超：《清代學術概論》附入於《中國近三百年學術史》，頁 27。

〔註 35〕梁啓超：《清代學術概論》附入於《中國近三百年學術史》，頁 7。

啓蒙期的特色爲破壞舊時期的思想。清初的學術特色即是反理學、修正王學和提倡實學，雖然並未立下顯著的學派，但已替中國學術立下新面孔。

梁任公主張啓蒙期學者之研究精神和方向，可分爲四點：

> 第一：因矯晚明不學之弊，乃讀古書；愈讀而愈覺求眞解之不易，則先求諸訓詁、名物、典章、制度等等，於是考證一派出。
>
> 第二：當時諸大師，皆遺老也。其於宗社之變，類含隱痛，治圖匡復，故好好研究古今史蹟成敗，地理阨塞，以及其他經世之務。
>
> 第三：自明末之末葉，利瑪竇等輸入當時所謂西學者於中國，而學問研究方法上，生一種外來的變化。其初惟治天算者宗之，後則漸應用於他學。第四：學風既由空返實，於是有從書上求實者；有從事上求實者。南人明敏多條理，故向著作方面發展；北人樸愨堅卓，故向力行方面發展。〔註36〕

上述的四大特色可分別找出代表人物：顧炎武、胡謂、閻若璩、利瑪竇、顏元，時值王學衰落期，學者習於「束書不觀」顧炎武起而矯之，大倡「捨經學而無理學」之說，應直接反求之於古經。閻若璩辨經，喚起求眞觀念。對明學的反動有下列三派：(一)顏元、李塨。主張學問應從日常生活求之。(二)黃宗羲、萬斯同(經史之學)。以史學爲根據，而推之於當世之務。(三)王錫闡、梅文鼎。專治天算，開自然科學端緒。仍有學者堅守理學立場者有孫其逢、李顒、陸世儀，而其學風由明返宋。

梁任公敘述全盛期的學術特色爲：

> 當佛說所謂「生」相。於是進爲全盛期；破壞事業已告終，舊思潮屏息慴伏，不復能抗顏行，更無須攻擊防衛以糜精力。而經前期醞釀陪灌之結果，思想內容日以充實；研究方法，亦日以精密。門户堂奧次第建樹，繼長增高，「宗廟之美百官之富」粲然矣。一世才智之士，以此爲好尚，相與淬厲精進；闒冗者猶希聲附和，以不獲廁於其林爲恥。此全盛期之特色也。〔註37〕
>
> 正統派之學風，其特色可指者略如下：

〔註36〕梁啓超：《清代學術概論》附入於《中國近三百年學術史》，頁27。
〔註37〕梁啓超：《清代學術概論》附入於《中國近三百年學術史》，頁7。

一、凡例一義，必憑證據。無證據而以臆度者，在所必擯。

二、選擇證據，以古爲尚，以漢、唐證據難宋、明，不以宋、明證據難漢、唐。據漢、魏可以難唐，據漢可以難魏、晉，據先秦、西漢可以難東漢。以經證經，可以難一切傳記。

三、孤證不爲定說。其無反證者姑存之，得有續證則漸信之，遇有力之反證則棄之。

四、隱匿證據或曲解證據，皆認爲不德。

五、最喜羅列事項之同類者，爲比較的研究，而求得其公則。

六、反採用舊說，必明引之；剿說認爲大不德。

七、所見不合，則相辯詰，雖弟子駁難本師，亦所不避；受之者從不以爲忤。

八、辯詰以本問題爲範圍，詞旨務篤實溫厚，雖不肯枉自己意見，同時仍尊重別人意見；有盛氣凌轢，或支離牽涉或影射笑者，認爲不德。

九、喜專治一業，爲「窄而深」的研究。

十、文體貴樸實簡潔，最忌「言有枝葉」。〔註 38〕

清初學術和全盛期的學術特色相較，前者較爲多元，後者走向單一化「考據」。細論與啓蒙期不同地方爲（一）啓蒙期的學者對於宋學，一部份持猛烈攻擊的態度，另一部份人仍因襲之。正統派學者將宋學棄於不論不議。（二）啓蒙派是通經致用，正統派人士爲考證而考證，爲經學而治經學。治學方法「實事求是」、「無徵不信」，研究範圍，以經學爲中心，而衍及小學、音韻學、史學、天算學、金石學，引證取材，多勝於兩漢。全盛期的正統派代表人物：惠棟、戴震、段玉裁、王念孫、王引之。

梁任公評論蛻分期學術之特色：

> 當佛說所謂「住」相。更進則入於蛻分期；境界國土，爲前期人士開闢殆盡，然學者之聰明才力，終不能無所用也，只取得局部問題，爲「窄而深」的研究；或取其研究方法，應用之於別方面。於是派中小派出焉。而其時之環境，必有以異乎前。晚出之派，進取氣較

〔註 38〕梁啓超：《清代學術概論》附入於《中國近三百年學術史》，頁 42～43。

> 盛，易與環境順應，故往往以附庸蔚爲大國；則新衍之別派與舊傳之正統派成對峙之形勢，或且駸駸乎奪其席。此蛻化期之特色也。〔註39〕

蛻分期的代表學者爲康有爲、梁起超。當正統派全盛時，學者以專精爲尚。莊存與治《春秋公羊學》始有心得；劉逢祿、龔自珍傳其學。康有爲嚴畫古今文分野，謂凡東漢晚出之古文經傳，皆是劉歆僞造。此時期的學術思想始受到西方的衝擊。

於《清代學概論》中，梁任公認爲道咸以後，清代學術史分裂導火線爲古今文之爭。西漢的經學研究傳統和官學的設置，出現今文經學派。西漢初期，研究先秦儒家經典的學者，對於先秦典籍的書寫和詮釋是採以隸書書寫。古文經學派興起於西漢末年，古文經學派研究先秦典籍的讀本是以籀書寫成。今古文經在字體、篇目、文字多寡、用字遣詞不同，產生分歧。至南北朝時，學者只爭鄭玄、王肅。宋朝，程、朱註解經典多用理學角度，今古文之爭告一段落。清初顧炎武、惠士其提倡注疏學，回歸於六朝、唐之學風。乾嘉之後，家家許、鄭，人人賈、馬，將東漢古文經學派精神光大。清代今文經學發跡者，爲戴震弟子孔廣森《公羊通義》。啓蒙大師屬莊存與《春秋正辭》，不再著重於訓詁名物，重申西漢公羊學派「微言大義」之精神。龔自珍往往引《公羊傳》之義評論時政，詆排專制。梁任公指出康有爲所著《新學僞經考》的要點和影響爲：

> 一、西漢經學，並無所謂古文者。凡古文皆劉歆僞作。二、秦焚書，並未厄及六經，漢十四博士所傳，皆孔門足本，並無殘缺。三、孔子時所用字，即秦漢間篆書，即以「文」論，亦絕無今古之目。四、劉歆欲彌縫其作僞之跡，故校中祕書時，於一切古書多所羼亂。五、劉歆所以作僞經之故，因欲佐莽篡漢，先謀湮亂孔子之微言大義。諸所主張，是否悉當，且勿論。要之此說一出，而生影響有二：第一：清學正統派之立腳點，根本搖動；第二：一切古書，皆須從新檢查估價；此實思想界之一大颶風也。〔註40〕

梁任公言：「清學之蛻分期，同時即衰落期也。」〔註41〕梁氏言衰落期的特色：

〔註39〕梁啓超：《清代學術概論》附入於《中國近三百年學術史》，頁7。
〔註40〕梁啓超：《清代學術概論》附入於《中國近三百年學術史》，頁66～67。
〔註41〕梁啓超：《清代學術概論》附入於《中國近三百年學術史》，頁11。

當佛說所謂「異」相。過此以往，則衰落期至焉。凡一學派當全盛之後，社會中希附末光者日眾。陳陳相因，固已可厭；其時此派中精要之義，則先輩已濬發無餘，承其流者，不過捃摭末節以弄詭辯。且之派分裂，排軋隨之，亦自暴露其缺點。環傑之士，欲𠞰新必先推舊，遂以彼爲破壞之目標。於是入於第二思潮之啓蒙期，而此思潮遂高終焉。此衰落期無可逃避之運命，當佛說所謂「滅」相。〔註 42〕

面臨西學衝擊，傳統學術如何轉化，爲清代末期學者們重視的問題。能延續正統派之學風，僅剩二位學者：孫貽讓、余樾。

二、錢賓四對清代學術思想史之分期

梁任公雖以「生、住、異、滅」四階段論清代學術史的分期，但他提出第四期衰落期和蛻分期的時代相同，整段清代學術史的發展情況僅能切成三段而非四段。陳勇主張錢賓四先生所著《近三百年中國學術史》中暗示清代學術思想分三期，陳勇云：

錢穆的名著《中國近三百年學術史》除第一章引論論述清代學術的原起及其與宋明學術的關係外，其餘十三章皆以各個時期學術發展史代表人物爲題。各章所選擇的代表人物主要集中明末清初、乾嘉、晚清三個時期，涵蓋了有清一代學術法展史上的經世思潮、經學考據和今文經學等各個層面。〔註 43〕

錢賓四先生站在清代學術爲宋明理學的延續的觀點，於《清儒學案序》將清代學術思想分爲四期：晚明諸遺老之學、順康雍、乾嘉，道咸同光。錢氏云第一時期：

清代理學，當分四階段論之。一曰晚明諸遺老。當明之末葉，王學發展已臻頂點，東林繼起，駸駸有由王反朱之勢。晚明諸老，無南無朔，莫不有聞於東林之傳響而起者。故其爲學，或嚮朱，或嚮王，或調和折衷於斯二者，要皆先之以兼聽而並觀，博學而明辨，故其運思廣而取精宏，固已勝夫南宋以來之僅知有朱，與晚明以來之僅

〔註 42〕梁啓超：《清代學術概論》附入於《中國近三百年學術史》，頁 7～8。

〔註 43〕陳勇：〈不知宋學，則無以評漢宋之是非——錢穆與清代學術史研究〉，《史學理論研究》，2003 年 1 月。

> 知有王矣。抑且孤臣孽子，操心危而慮患深，其所躬修之踐履，有異夫宋明平世之踐履。其所想望之治平，亦非宋明平世之治平。故其所講所學，有辨之益精，可以爲理學舊公案作最後之論定者；有探之益深，可以自超於理學舊習套而別闢一嶄新之蹊徑者。不治晚明諸遺老之書，將無以知宋明理學之歸趨。觀水而未觀其瀾，終無以盡水勢之變也。〔註44〕

明末的理學發展，學者受到亡國的刺激，開始反省王學「束書不觀」內省功夫是否正確？此時期的理學發展並非僅僅發達王學，也有學者崇尚朱學，盼理學重振，學術風氣開創另一特色。錢氏云第二時期：

> 其次曰順康雍。遺民不世襲，中國士大夫既不能長守晚明諸遺老之志節，而建州諸遺老之志節，而建州諸酋乃亦倡導正學以牢籠當世之人心。於是理學道統，遂與朝廷之刀鉅鼎鑊更失迭使，以爲壓束社會之利器。於斯時而自負爲正學道統者，在野如陸攏其，居鄉里爲一善人，當官職爲一循吏，如是而止；在朝如李光地，則論學不免爲鄉愿，論人不免爲回邪，此亦一述朱，彼亦一述朱。往者楊園語水諸人謹守程朱榘矱者，寧有此乎？充其極，尚不足追步許衡吳澄，而謂程朱復生，將許之爲護法之門徒，其誰信之。其轉而崇陸王者，感激乎義氣，磨蕩乎俗僞，亦異於昔之爲陸王矣。〔註45〕

第二時期劃分於順康雍，此時期正是理學於清代學術思想分期最爲盛行的年代。科舉考試仍以朱熹《四書集注》爲考試選本，以程朱思想挾制讀書人的思維。此時期的陸王思想較明朝已不同，走上修正王學之路，不再重視形上功夫，重視生活實踐。錢賓四先生論述了幾名遵守朱學的學者：陸攏其、李光地、張揚園。其學術成就仍比不上宋、元二朝學者。

錢氏云第三時期：

> 又其次曰乾嘉。理學道統之說，既不足饜其眞儒而服豪傑，於是聰明才智旁迸横軼，羣湊於經籍考訂之途。而宋明以來相傳八百年理學道統，其精光浩氣，仍自不可掩，一時學人終亦不忍捨置而不道。故當乾嘉考據極盛之際，而理學舊公案之討究亦復起。微歙之間，以朱子故里，又承明末東林傳續，學者守先待後，尚宋尊朱之風，

〔註44〕錢穆：《清儒學案序・中國學術思想史論叢（八）》，頁365。
〔註45〕錢穆：《清儒學案序・中國學術思想史論叢（八）》，頁365。

數是不輟。通精而篤古，博學而之服，其素所蘊蓄則然也。及戴東原起而此風始變。東原排擊宋儒，刻深過於顏李，章實齋譏之，謂其飲水忘源，洵爲確論。然實齋思想議論，亦從東元轉手而來，蟲生於木，還食其木，此亦事態之常，無足多怪。理學本包孕經學微再生，今徽歙間學者，久寢饋於經籍之訓詁考據間，還以視夫宋明而有所獻替，亦豈據得自逃於宋明哉。故以乾嘉上擬晚明諸遺老，則明遺之所得在時勢之激盪，乾嘉之所得，在經籍之沉浸。斯二者皆足以上補宋明之未逮，彌縫其缺失而增益其光耀者也。〔註46〕

第三時期的學術風氣不再沉迷於程朱、陸王之學，反而開啓另一風氣：經集考訂。理學本是包孕著經學而生，故錢賓四先生認爲此時期的考據學之風並非取代理學思想，而是補充宋明理學考據之不足也。

又其次曰道咸同光。此際也，建州治權已腐敗不可收拾，而西力東漸，海氛日惡，學者怵於內憂外患，經籍考據不足安定其心神，而經世致用之志復切，乃相率競及於理學家言，幾幾乎若將爲有清一代理學之復興，而考其所得，則較知明遺與乾嘉皆見遜色。何者？其心意迫促，涵養浮露，既不能如晚明遺老之潛精抑彩，斂之有以極其深，又不能如乾嘉諸儒之優游浸漬，涉之有以窮其廣。徒欲懸短綆而汲深井，倚弱篙而渡急湍，則宜乎其無濟也。量斯時之所至，其義氣發舒，若稍稍愈乎順康雍之慘沮鬱紆則已耳。〔註47〕

第四期正期清朝政局不安，戰事不停，學者們轉向經世致用之學。此時期逢西學東漸，學者們信船堅炮利能救國，紛紛轉而研究。錢賓四先生認爲此時期的中國傳統學術較先前三期略爲遜色。

在〈清儒學案序〉裡頭，錢賓四先生是以理學的後續發展論斷清代學術，不似梁任公以新的學術思潮論斷之。

錢賓四先生於〈前期清儒思想之新天地〉是明確指出清代學術史應分爲兩個段落：世祖順治入關至乾嘉、道咸至清朝滅亡而止。錢氏云：

有清二百六十餘年的學術思想，可分兩個階段：自世祖順治入關起至乾嘉時代只爲前期，自道咸起至清室覆亡止爲後期。前期一百七十餘年中，正值滿清政權鼎盛之際，清儒在異政權嚴厲統治下，於

〔註46〕錢穆：《清儒學案序．中國學術思想史論叢（八）》，頁365。
〔註47〕錢穆：《清儒學案序．中國學術思想史論叢（八）》，頁366。

刀繩牢獄交相威脅之艱難環境中，雖有追懷故國之思，而懾於淫威，絕不敢有明目張膽之表示。途窮路絕之餘，不得不沉下心情，切實作反省研尋功夫。而多數學者被迫走上考據訓詁的消極路線，終身於叢碎故紙堆中，追求安身立命之所。其中少數較爲積極的學者，於研究經史義理之餘，直覺的或非直覺的披露了他們潛在的民族意識，或迫於良知，以一吐在喉之鯁爲快，爲被壓迫奴役之平民階層一抒正義之聲，對當道之統治政權，隱約晦昧地提出了批評的主張。此輩思想家乃在清代早期，開拓了一片新天地，其精神直可上追晚明諸遺老，間接承襲了宋明儒思想的積極治學傳統。道咸以後的八十餘年，則屬後一階段，一方面滿清政府的統治勢利，隨著對外戰爭之連續失敗而日趨衰微，一方面西方近代政治思潮，隨著外國勢力之東來而源源侵入，由於上兩項因素的影響，乃使晚清儒家思想，爲之丕然大變，首倡變法之議的康梁以及領導革命的孫中山先生，可爲本期之代表。〔註48〕

錢賓四先生論清代學術史的分期，有三種說法。一是分爲四期：晚明諸遺老之學、順康雍、乾嘉、道咸同光。二是順治入關至乾嘉、道咸至清朝滅亡。三是陳勇將《中國近三百年學術史》分爲三期：明末清初、乾嘉、晚清。

第三節　《中國近三百年學術史》寫作手法不同

梁任公、錢賓四先生皆有《中國近三百年學術史》的著作，成書年代相差十年左右。但兩人寫作手法相差甚大，筆者將以學術理路的差異、二人關切命題相異、寫作體例的不同，三點進行討論。

一、學術理路的差異

梁任公一生不遺餘力的闡揚陽明心學，光緒三十一年著《德育鑑》，從辨術、立志、知本、存養、省客、應用六方面談論。在每一個章節上，梁任公先抄錄前賢者們的語錄，其中尤以陽明及弟子居多。黃雅琦指出：

梁啓超以爲，陽明是孔子微言大義的承繼者，而「致良知」不僅是

〔註48〕錢穆：《中國學術思想史論叢（八）》，頁1。

超凡入聖的不二法門，也是匡救時運的必要之道。〔註49〕

民國十五年，梁任公以《王陽明知行合一》之教，批評當時教育僅重視智育，忽視德育發展。《王陽明知行合一》可和《德育鑑》一同參考，可發現梁任公極爲重視王陽明「致良知」、「知行合一」之學。

雖然梁任公重視王學但在所著《中國近三百年學術史》裡可看見他認爲清代學術是重視漢學、否定宋學的態度。梁氏在《中國近三百年學術史》云：

因爲宋、明以來學者，動輒教人以明心見性、超凡入聖；及其末流，許多人濫唱高調，自欺欺人，而行檢之間，反蕩然無忌憚。晚明政治混濁，滿人入關，從風而靡，皆由於此。（頁85）

以乾嘉學派爲中堅之清代學者，一反明人空疏之習，專從書本上鑽研考索，想達到他們所謂「實事求是」的目的。（頁249）

梁氏不留情面批評宋明理學坐談心性弊端，只求內聖忽略國家安危的議題。直至乾嘉時期的學風重視考據，展現實事求是的態度，梁任公是給予肯定的評價。

梁任公論清代思潮，以「對於宋明理學之一大反動，而以『復古』爲期職志者也。」〔註50〕和錢賓四先生於《中國近三百年學術史．引論》是不同的看法，錢氏云：

治近代學術當何自始？曰：必始於宋。何以當始於宋？曰：近世揭橥漢學之名以與漢學敵，不知宋學，則無以平漢宋之是非。且言漢學淵源者，必溯晚明諸遺老。然其時如夏峰、梨洲、二曲、船山、桴亭、亭林、蒿菴、習齋，一世魁儒耆碩，靡不寢饋於宋學。繼此而降，如恕谷、望溪、穆堂、謝山乃至愼修諸人，皆於宋學有深契詣。而於時已及乾隆。漢學之名，始稍稍起。而漢學諸家之高下深淺，亦往往視其所得於宋學之高下淺深以爲判。道咸以下，則漢宋兼采之說漸盛，抑且多尊宋貶漢，對乾嘉爲平反者。故不識宋學，即無以識近代也。

錢氏主張宋學和清代學的發展是不可切割和宋學在清代學術的延續性。清初

〔註49〕黃雅琦：《救亡與啓蒙：梁啓超之儒學研究》，高雄師範大學國文學系博士論文，2006年6月，頁59。

〔註50〕梁啓超：《清代學術概論》附入於《中國近三百年學術史》，頁8。

學術界所注重的學術傾向，是始於東林精神。此種精神可上溯至北宋諸儒〔註51〕。錢氏認爲考據學和宋明理學是具有傳承的關係，不可分開而論。清初著名的學者皆研讀理學著作，其學說精神也是由理學爲基礎延伸。直至乾隆年間，重視考據的漢學學風才嶄露頭角。且錢氏認爲乾隆年間優秀、出名的學者的學術理路是和宋明理學有相當多的關聯。道咸年間，學風從重視漢學轉爲重視宋學。故錢賓四先生主張清代學術是宋明理學的延續，不可談論清代學術將宋明理學從中剔除，因清代學者多受宋明學術影響。

錢氏較梁氏重視清儒對理學問題的討論，錢書在八、九、十三章撰述乾嘉時期的學者在思想史內的論述，份量占全書的五分之一，此是梁氏未談及。以第八章戴東原爲例，錢氏以戴震爲題，以江愼修〔註52〕、惠定宇、程瑤田附之，此舉是釐清戴東原的皖學淵源。錢氏言：

> 尚考徽歙間講學淵源，遠自無錫之東林。有汪知默、陳二典、胡淵、汪佑、胡愼、朱璜講朱子之學於紫陽書院，又因汪學聖以學問於東林之高世泰，實爲徽州朱學正流，江永、汪紱皆汲其於波。故江、浙之間學者多從姚江出，而皖南則一尊舊統，以述朱爲正。〔註53〕

徽學的淵源可遠推於汪知默等人講朱子之學於紫陽書院，且汪學聖向高世泰學習朱子之學，觀其流變可知錢賓四先生認爲戴東原之學源於徽歙，強調宋明理學對戴東原的影響。錢著指出戴東原早年是不反宋儒、亦不反對朱熹的學說。直至乾隆二十二年，戴東原遊揚州與惠定宇相識，學說才由尊宋轉爲詆宋，錢氏云：

> 蓋乾、嘉以往詆宋之風，自東原起而愈甚，而東原論學之尊漢抑宋，則實有聞於蘇州惠氏之風而起也。〔註54〕

乾嘉時期的詆宋尊漢學風的始祖爲戴東原。錢賓四先生認爲戴東原學術主張並非一開始就排宋，反而接受宋學的薰陶，戴氏學風的改變是因結識惠定宇。抑宋的學風並非從徽學戴氏起，而是揚州惠氏。

錢書第十章已焦里堂、阮雲臺、淩次仲爲題，以許周生、方植之爲附。錢氏所重視非焦、阮、淩三人的考據學成就，而是他們的義理之學。錢氏於

〔註51〕錢氏云：「今自乾、嘉上溯康、雍，以及於明末諸遺老；自諸遺老上溯朱、陸以及北宋諸儒。」錢穆：《近三百年學術史》，頁21。

〔註52〕錢氏云：「戴氏之學，其先來自江永。」，錢穆：《近三百年學術史》，頁339。

〔註53〕錢穆：《近三百年學術史》，頁341。

〔註54〕錢穆：《近三百年學術史》，頁355。

此指出乾嘉考據學發展至此已趨沒落，錢氏云：

> 夫而後東原之申斥宋儒以言理者，次仲乃易之以言禮。同時學者里堂、雲臺以下，皆承其說，一若以理、禮之別，爲漢宋之鴻溝焉。夫徽歙之學，源於江氏，胎息本在器數、名物、格曆、步算，以之治禮而獨精。然江氏之治禮，特以補紫陽之未備。一傳爲東原，乃太詈朱子，而且其師爲婺源之老儒焉。在傳爲次仲，則分樹理、禮，爲漢宋之門户焉。至曰格物即格禮之器數儀節，是宋儒以格物爲窮禮者，次仲以格物爲考禮，尋之故訓，其果若是乎？（頁 547）

錢氏認爲以理、禮區分宋、漢學是十分不恰當。徽歙之學始於江永，江永考據名物、器數、格曆，皆和禮學相關。朱熹主張「格物」有三個重點：即物、窮理、至極。必須要接觸事物，探求其物理，窮理必須窮至至極。理是存在於萬事萬物之中，所以乾嘉時期的考據學方法爲朱子格物論之一。了解名詞的準確意義，可參詳禮學意義，所以錢賓四先生認爲雖然朱熹並未細論禮學，但禮學爲理學中的一環，不可分爲二種學術而論。

此章後的第十一章〈龔定菴〉，第十二章〈曾滌生〉，第十三章〈陳蘭甫〉皆是和漢宋兼采的學風相關。

梁任公和錢賓四先生的《中國近三百年學術史》最大的差異，即是錢賓四先生以宋明理學的角度看待清代學術，梁任公以清代樸學檢視清代學術。

二、梁、錢二人關切命題的差異

梁任公研究清代學術史有一個特色爲東西文化的比較，雖然在《中國近三百年學術史》不明顯，在其《清代學術概論》著作用許多篇幅敘述東西二方文化的相似性，以清代學術和歐洲文藝復興相比。錢賓四先生研究清代學術史的特色爲富含濃郁的民族主義的精神，在授《中國近三百年學術史》這門課時，正逢九一八事變，使錢賓四先生思考中國傳統文化和民族主義許多相關議題許多，著作多富含此精神。

每一個國家，任一個民族，都擁有屬於自己的特色文化、歷史文物、時代思潮。觀看同個時期，不同地區文化會產生不同發展的面貌。中國直至清朝末年，才有大量學者接受西方文化，進而思考中國文化的缺失。當時的思想藉普遍認爲中國學術思想具有科學精神是清儒的治學方法，梁任公於這點上是和當時思潮相吻合的。梁氏是首位將中國清代學術史和西方學術相比。

在梁任公所撰寫《清代學術概論》可看見梁氏將清代學術史和歐洲的文藝復興相比照，梁氏云：

> 「清代思潮」果何物耶？簡單言之：則對於宋明理學之一大反動，而以「復古」爲期職志者也。其動機及其內容，皆與歐洲之「文藝復興」絕相類。而歐洲當「文藝復興期」經過以後所發生之新影響，則讓我國今日正見端焉。（頁 8）

梁任公只是簡單、粗淺的類比〔註 55〕，且帶有主觀的意見評論晚明心學、乾嘉考據學發展背景和文藝復興相同的地方，梁氏《清代學術概論》云：

> 歐洲文藝復興，固由時代環境所醞釀，與二三豪俊所濬發；然尚有立乎其後以翼而輔之者：若羅馬教皇尼古拉第五，佛羅稜薩之麥地奇父子，拿坡里王阿爾芬梭，以及其他義大利自由市府之豪商閥族，皆沾染一時風尚，爲之先後疏附；直接間接提倡獎借者不少，故其業益昌。清學之在全盛期也亦然。（頁 57）

歐洲文藝復興始於十四世紀到一千六百年間，歐洲繼黑暗時代之後，菁英分子重新燃起對古典文化的熱情。梁任公將清代學術史與之相比，並以乾嘉考據學興盛、清廷開四庫館撰修《四庫全書》爲例。梁氏《清代學術概論》指出：

> 清高宗席祖父之業，承平殷阜，以右文之主自命；開《四庫》館，修《一統志》，纂《續三通》、《皇朝》三通，修《會典》，修《通禮》，日不暇給；其事皆有待於學者；內外大僚承風宏獎者甚眾。嘉慶間，畢沅、阮元之流，本以經師致身通顯，任封疆，有力養士，所至提倡，隱然茲學之護法神也。淮南鹽商，技窮極奢欲，亦趨時尚，思自附於風雅；競蓄書畫圖契，邀名士鑒定，潔亭舍封館穀以待。其時刻書之風甚盛，若黃丕烈、鮑廷博輩固自能別擇讎校，其餘則多有力者欲假此自顯，聘名流董其事；乃至販鴉片起家之伍崇曜，亦有《粵雅堂叢書》之刻，而其書且以精審聞，他可推矣。夫此類之人，則何與於學問？然固不能謂其於茲學之

〔註 55〕李帆：「梁啓超的學術著述時有思想先行的特徵，加之其一向求新、善變的個性，在西潮的衝擊下，率而將西方學術思想史的框架套用於中國，由此所帶來的學理上的粗疏淺陋，便難以避免。」見氏著：《章太炎、劉師培、梁啓超清學史著述之研究》，北京：商務印書館，2006 年，頁 98。

> 發達無助力。與南歐巨室豪賈之於文藝復興，若合符契也。吾乃知時代思潮之爲物，當運動熱度最高時，可以舉全社會各部分之人人，悉參加於此運動；其在中國，則晚明之心學，盛清之考證，皆其例也。（頁 57～58）

文藝復興之時，許多南歐富商皆參與文藝活動，使文藝活動不再曲高和寡，藝文活動是蓬勃發展，以不同的面貌呈現。中國晚明心學和乾嘉考據學的學術活動也不局限於儒者，各行各業皆有人參加此種學術活動。此爲梁任公主張東西二方文化相同的原因。

雖然梁任公帶有主觀色彩比較清代學術史和歐洲文藝復興，但梁氏並未夜郎自大，捧高清代學術地位，冷靜的分析，地理因素引響清代學術和文藝復興發展面貌相異，梁氏《清代學術概論》指出：

> 前清一代學風，與歐洲文藝復興時代相類甚多。其最相異之一點，則美術文學不發達也……清代何故與歐洲之「文藝復興」異其方向耶？所謂「文藝復興」者，一言以蔽之，曰：返於希臘。希臘文明，本以美術爲根榦，無美術則無希臘；蓋南方島國景物妍麗而多變化之民所特產也。而義大利之位置，亦適與相類。希臘主要美術在雕刻，而其實物多傳於後；故維納神像（雕刻裸體女神）之發掘，爲文藝復興最初之動機；研究學問上古典，則其後起耳。故其方向特趨重於美術，宜也。我國文明，發源於北部大平原；平原雄偉曠蕩而少變化，不宜於發育美術；所謂復古者，使古代平原文明之精神復活，其美術的要素極貧乏，則亦宜也。（頁 86～87）

人人參與和對古文化的癡迷是梁任公主張有清一代學術和歐洲文藝復興雷同的原因。文藝復興時期雕塑、繪畫與建築皆蓬勃發展，呈現多元文化。相較之下，中國美術的發展就比較緩慢。梁任公舉出東西二方文化相同，不能免俗地也需解釋相異的地方，即以地理環境解釋中國自古以來美學不發達的原因。

錢賓四先生少時遍覽群書，打下了渾厚的國學基礎。在他所著《中國近三百年學術史》的時代思潮是「疑古」，錢氏是不贊同民初以來學者們喜將中國傳統文化連根拔起的風氣。

一九三零年，錢賓四先生受聘於燕大，次年執教於北大，皆主講中國近三百年學術史。此時正值九一八事變，錢氏深有感慨〔註 56〕，認爲中國傳統文化是維繫中華民族的精神基礎。胡楚生言：

> 錢先生在撰寫《中國近三百年學術史》一書之時，正值九一八事變不久，國難當前，巨變目擊，雖在故都，猶處邊塞，自然也有不少感懷之念，言外之意，藉著撰寫此書之時，而寄寓其旨意於過往三百年間的史事敘說之中。〔註 57〕

錢氏於《自序・中國近三百年學術史》先提出中華民族受制於異族的時代〔註 58〕、歷史故事，錢氏云：

> 當元嘉之末運，一時名流勝望，相繼南遷，其留而在北者，猶守舊轍，務經學，上承兩漢之遺，皆南士清玄之所鄙吐而不道者。然而胡姓之貴，受其薰陶，緜綴不絕，卒成周、隋之治，下開唐基，此一期也。遼金用漢人，僅保所掠而已。元人抉其五彊，最鄙和畫不足尊，其治無可言。時則中華之文運幾輟，然譬如嚴冬雪虐，枝葉雖辭，根荄無傷也。故明人之學，猶足繼宋而起。（頁 3）

> 滿清最狡險，入室操戈，深知中華學術深淺而自以利害爲之擇，從我者尊，逆我者賤，治學者皆不敢以天下治亂爲心，而相率逃於故紙叢碎中，其爲人高下深淺不一，而皆足以壞學術、毀風俗而賊人才。（頁 3～4）

錢氏從五胡亂華、元人鄙棄中華文化談起不重視傳統文化，將會導致亡國。執政者若不重視文化發展，文化發展將呈現凋零、斷層。錢氏批評滿清文字獄政策，使學術文化無法展開心性發展，而走向考據之路。錢氏的民族主義精神可由此探看出：朝廷若不是漢人當權，將不重視漢文化和學術。民國以來，錢氏有感大部分學者「疑古變僞」，忽略宣揚中國傳統文化。因此錢賓四先生並非和梁任公相同側重於清儒治學的方法論，而是立基於發揚中國傳統文化和提倡民族精神上，全書撰寫方式爲學者操守和治學並重，申治學之旨在做人。

在錢賓四先生所撰《中國近三百年學術史》裡，富含濃厚的種族大義精

〔註 56〕錢氏云：「斯編初講，正值「九一八事變」驟起。五載以來，身處故鄉，不啻邊塞，大難目擊，別有會心。」錢穆：《自序・近三百年學術史》，頁 4。

〔註 57〕胡楚生：《中國學術史研究》，台北：學生書局，2009 年 9 月，頁 512。

〔註 58〕錢氏曰：「中華之受制於異族，有三期焉：一曰五胡元魏，再曰遼金元，三則滿清。」收於錢穆：《自序・近三百年學術史》，頁 3。

神，可由此窺探出，錢氏言：

> 蓋世之爲君者既專爲一家謀私利，而爲之者臣者亦惟其身家溫飽之是圖，則復何論乎胤姓，何論乎種族！彼爲我君而我之身家得託庇以溫飽焉者，則我亦君之焉耳矣。故君之義既昧，出處進退之節既失，則夷夏之防必且大潰，而黃胄華種長淪於夷狄狐貉，士大夫猶且彈灌而相慶，蹈舞稱臣，忝不知恥。此勢之所必至，而有心者之所深憂也。故晚村所大聲疾呼而斥者，厥惟曰功利。功利之獨淪漬於人之心髓，則君臣之義無可託，夷夏之防無可立。（頁 93）

晚明清初，士人的處境艱辛，仍然有許多士人抱持著故國之念，現今雖然不易見於史料。在錢賓四先生書中，是多褒揚此精神。改朝換代，服膺於異朝統治，出賣自己名節，錢氏毫不保留的批評。

錢賓四先生於《中國近三百年學術史》裡敘述呂晚村的夷夏之防，表達了自己對夷夏之防的看法，主張人人若皆是尊重自己的節義，不爲功名所誘惑，國家不會滅亡。錢氏曰：

> 晚村身爲亡國遺民，於此雖耿耿，若骨之鯁之在喉，不吐不快，而終有所顧忌不敢一吐以爲快者。故於論「微管仲」一節獨表其意曰「《春秋》大義，猶有大於君臣之倫」者。此即夷夏也。而晚村又繼之曰「原是重節義，不是重功名」。蓋夷夏之防，定於節義，而搖於功名。人惟功名之是見，則遺夏之防終隳。人惟節義之是守，而夷夏之防可立。（頁 93～94）

呂晚村以亡國遺民之姿屈身於清廷，借講解古籍以託寓自己的心志，錢氏特表彰顯。錢氏特別評論呂晚村的夷夏之防，是因重視持儒者們應該重視節義、輕忽功名。

三、梁、錢二人寫作體例相異

梁任公和錢賓四先生皆著述《中國近三百年學術史》，兩人成書原因皆是將上課講義集結而成，錢氏晚梁氏八年授課，卻用相同名稱作爲書名，但二人寫作體例相差甚遠，梁氏使用白話，筆鋒常帶著情感；錢氏使用文言撰寫。梁氏採用學術史方向呈現，敘述清代的多種學術的面貌；錢氏採用傳統的學案體，以思想史的方式呈現每位學者的學術師承、思想脈絡。

（一）「近三百年」時間的認定差異

「中國近三百年學術史」，原是一九二三年梁任公在天津南開大學和北京清華研究院所開的課程，後將上課講義集結成書。以梁氏一九二三年授課時間往前推算三百年是一九二三年，明熹宗天啓三年。因此梁任公撰寫《中國近三百年學術史》的內容是略提及晚明學術特色和影響清初學術思想的原因。

錢賓四先生於一九三一年，在北京大學講授「中國近三百年學術史」，一九三六年付梓，以授課名稱做爲書名。雖梁氏和錢氏的授課時間相差八年，但兩人皆是指晚明到清末這段時間的學術史。

以錢氏授課時間向前推三百年應爲一六三二年，但在錢著《中國近三百年學術史》附表爲一五七三年，相差四十餘年，可得知錢氏定義「近三百年」的學術史是指晚明至清亡這段時間。

（二）使用文言、白話差別

兩人皆使用「中國近三百年學術史」作爲書名，但二人使用語言文字習慣大爲不同。以二人撰寫黃梨洲闡釋致良知爲例：

梁書：

> 像他這樣解釋致良知——說致字即是行字，很有點像近世實驗哲學的學風。你想認識路，只要往前行過，便自了然；關著門冥想路程，總是枉用工夫，所以他對於本體的測度想像，都認爲無益。梨洲的見解如此，所以他一生無日不做事，無日不讀書。獨於靜坐參悟一類工夫，絕不提倡。他這種解釋，是否適合陽明本意，另爲一問題，總之和王門所傳有點不同了。所以我說：梨洲不是王學的革命家，也不是王學的承繼人，他是王學的修正者。（頁 69）

錢書：

> 此爲「求本心於良知」，即就流行見主宰之說也。謂「合致知於格物」，即本氣質見義理之說也。梨洲於明儒最尊陽明，且謂：「天假之年，盡融其高明卓絕之見而底於實地，則範圍朱、陸而進退之，又不待言。」而於王門順應、歸寂兩派之爭，則頗袒江右羅念庵、聶雙江，側重本體一邊。蓋梨洲論學，兩面逼入，著重實踐，重工夫，重行，既不蹈懸空探索本體，墮入渺茫之弊；而一面又不致陷入倡狂一路，專任自然，即認一點虛靈知覺之氣，從橫放任以爲道也。（頁 28）

梁任公解釋梨洲的「致」良知，認爲是「行」、「做」。良知並非僅有靜坐的工夫，便可體會出。必須和作足實踐的功夫，才能達「良知」。梁氏以實用哲學和梨洲學術相比。錢賓四先生的看法大致和梁任公相同，但錢氏更注重理學的流派，先敘述王們後學兩派之爭，黃梨洲二者兼採的關係，此敘述手法彰顯出清初學術和宋明理學傳承關係。

除了使用文言和白話之不同外，梁任公的筆鋒更帶有情感。以梁氏撰寫顧亭林寫道：「我生平最敬慕亭林先生爲人，想用一篇短傳傳寫他的面影，自愧才力薄弱，寫不出來。但我深信他不但是經師，而且是人師。」〔註 59〕批評乾嘉學者用力太多於考據時：「依我們看來，他們的工作，最少有一半算是白費，因爲他們若肯把精力用到別個方向去，成就斷不止於此。」〔註 60〕在錢賓四先生所著《中國近三百年學術史》理是鮮少瞧出露骨的情感。

（三）使用學術史、思想史體例差別

中國學術史源遠流長，從《莊子・天下篇》、《荀子・非十二子篇》，到歷代史書中的儒林傳、經籍志、藝文志，一脈相承。作爲專書的雛型是朱熹《伊洛淵源錄》，再過幾百年，黃宗羲纂輯《明儒學案》才算發展完成。梁任公認爲著學術史有四個條件，梁氏《中國近三百年學術史》說道：

> 第一，敘一個時代的學術，須把那時代重要各學派全數網羅，不可以愛憎爲去取。第二，敘某家學說，須將其特點提契出來，令讀者有很明晰的觀念。第三，要忠實傳寫各家眞相，勿以主觀上下其手。第四，要把各人的時代和他一生的經歷大概敘述，看出那人的全人格。（頁 73）

因此梁著《中國近三百年學術史》打破了傳統學案體紀錄學術史的方式，採非單一學者、單一學派敘述，而採彼此聯繫關係敘述，陳祖武道：

> 梁啓超彷彿繪製的是一幅寫生畫，清代三百年間的學術演變史宛若一株參天大樹，而各個歷史時期的主要現象，則是使其得以成蔭的繁密枝幹，各領風騷的學者，便是那滿綴枝頭的纍纍碩果。這樣，就歷史編纂學而言，梁啓超的清代學術史著述，便在舊有學案體史書的基礎之上，醞釀了一個飛躍，提供了編纂學術史的一種嶄新的題裁。〔註 61〕

〔註 59〕梁啓超：《中國近三百年學術史》，頁 82。
〔註 60〕梁啓超：《中國近三百年學術史》，頁 249。
〔註 61〕陳祖武：《中國學案史》，台北：文津出版社，1994 年四月，頁 296。

陳氏認爲梁任公《近三百年學術史》是基於中國傳統學案史改編而成，因其敘述不同的學術流變，呈現新的學術史體例寫作。

錢賓四先生重視各個學者的思想淵源和流變過程，以他撰述黃梨洲爲例。黃梨洲晚年的學術思想受陳乾初、潘平格、呂晚村影響，錢氏《近三百年學術史》指出：

> 是乾初擴充其才後見性善之論，梨洲已加肯認而爲之闡述矣。繼此而往，乃有「心無本體，工夫所至即爲本體」之說，是梨洲晚年思想之轉變，故與乾初有關係也。（頁 49）
>
> 若更進而讀《明儒學案序》，成於梨洲最後臨卒之一年者，其開端即曰「盈天地皆心，心無本體，工夫所至，即其本體」，則不啻爲潘氏之說作辯護、作發揮。（頁 72）
>
> 而余觀其說，頗似梨洲《明夷待訪錄》所論。《待訪論》成於康熙壬寅、癸卯間，而癸卯梨洲至語溪，館於晚村家。蓋當時交游議論之所及，必有至於是者。故梨洲著之於《待訪錄》，而晚村則見之《四書講義》。（頁 92～93）

錢賓四先生參照黃梨洲、陳乾初、潘平格、呂晚村的著作，整理黃梨洲學術思想受他人影響的部分。《明夷待訪錄》、《四書講義》兩書的夷夏之防觀念相近，錢氏以康熙壬寅、癸卯年梨洲拜訪晚村家爲證梨洲夷夏之防思想是受晚村影響。

錢書以嚴謹的考據精神論述清儒的思想淵源，確實較梁任公用心。兩書的體例大不相同，梁氏採用的以學術爲中心，錢是採用以人爲中心。錢書遵守黃梨洲《明儒學案》的學案體撰寫思想史，梁書則以學術史的方式敘寫。周國棟言：

> 錢穆的《學術史》應看作是一部思想史，也就是說，學案體應該看作是一部思想史的直接源頭，而非現代學術史的源頭。因爲現代學術史是在西學背景下，由劉師培和梁啓超建立起來的，錢穆的學術史與前二者是根本不同的。〔註 62〕

嚴格而論，梁書並未完成，僅敘述清初學術較爲完整。清中葉的學術史是採概要談論，清末學術事略而不談。錢書以「理學承繼」的概念貫穿全書，呈顯出宋明理學於清代學術中不同面貌呈現，因採傳統的學案體方式書寫，仔細記錄

〔註 62〕周國棟：〈兩種不同學術史範事——梁啓超、錢穆《中國近三百年學術史》之比較〉收於《史學月刊》，2000 年第四期，頁 113。

儒者們的生平、學術思想承繼與流變、交遊狀況，是偏向思想史的寫法。

《中國近三百年學術史》所羅列人物人物傳主列表

人　物	梁　著	錢　著
黃梨洲	○	○
陳乾初		○
潘用微		○
呂晚村		○
王船山	○	○
顧亭林	○	○
馬　驌		○
顏習齋	○	○
李恕谷	○	○
閻潛丘	○	○
毛西河		○
姚立方		○
馮山公		○
程綿莊		○
胡東樵		○
顧宛溪		○
李穆堂		○
萬孺盧		○
王白田		○
朱止泉		○
全謝山	○	○
蔡元鳳		○
朱舜水	○	
萬季野	○	
張楊園	○	
陸桴亭	○	
陸稼書	○	
王白田	○	
王寅旭	○	
梅定九	○	
陳資齋	○	
孫夏峰	○	

李二曲	○	
胡朏明	○	
萬充宗	○	
王崑繩	○	
程綿莊	○	
惲皋聞	○	
戴子高	○	○
戴東原		○
江慎修		○
惠定宇		○
程易田		○
章實齋		○
袁簡齋		○
汪容甫		○
焦里堂		○
阮芸臺		○
凌次仲		○
許周生		○
方植之		○
龔定菴		○
莊方耕		○
莊葆琛		○
劉申受		○
宋于庭		○
魏默深		○
沈子敦		○
潘四農		○
曾滌生		○
羅羅山		○
陳蘭甫		○
朱鼎甫		○
康長素		○
朱子襄		○
廖季平		○
譚復生		○

第四章　梁任公、錢賓四先生對清代學者評價異同

第一節　顧亭林

顧亭林生於明萬曆四十一年，卒於康熙二十一年（1613～1682），江蘇崑山人。本名絳，更名繼坤，自忠清。一六四五年清兵攻破南京後，始更名爲炎武。亦有一說顧氏仰慕文天祥的學生王炎午而更名爲炎武。曾稱名爲圭年。後因避仇，居於南京鍾山腳下。鍾山亦名蔣山傭，以表忠心。學者們多稱亭林先生，是因其家鄉有亭林湖，是南朝大學者顧野王之居住地方，以其地名爲紀念。道光二十一年，入祀鄉賢祠。光緒三十四年，崇祀孔廟。

曾祖父章志，是明嘉靖癸丑年（1553）進士，官職刑科部侍郎。祖父紹芳，爲明萬曆丁丑年（1577）進士，官侍郎生左贊善，並爲翰林院編修。父親同應，明萬曆已卯年（1579）副榜，入國子監。亭林先生爲同應公的次子，因伯父紹芾公早逝，聘王氏。王氏未婚守節，以顧亭林爲後嗣，並扶養長大。明末清兵入關，明朝滅亡，王氏絕食而死，遺言：「我雖婦人，深受國恩，與國俱亡義也，汝吳爲異國臣子，無忘先祖遺訓，則吾可以瞑於地下。」〔註 1〕康熙年間薦舉亭林爲博學鴻詞科，邀他撰寫《明史》，顧亭林一概拒絕。

〔註 1〕顧炎武：〈先妣王碩人行狀〉，收入於《四庫叢刊編縮本・亭林餘集》，台北：台灣商務印書館，頁 13。

顧亭林一生著作繁富，但生前僅刻印《音學五書》、《日知錄》八卷，其他著述並未刊行。亭林歿後，其甥徐乾學、徐元文將作品據爲己有，不公開示人。亭臨門人潘耒謀刻，刻其文集遺書，因犯清廷禁忌，多有刪改，今日難以瞧見顧氏作品之眞面目。

梁任公論述顧亭林的學術思想，多用推崇的口氣，見《中國近三百年學術史》：

> 我生平最敬慕亭林先生爲人，想用一篇短傳撰寫他的面影，自愧才力薄弱，寫不出來。但我深信他不但是經師，而且是人師。（頁 82）

梁任公主張顧氏開創清代學術史的新風貌，提倡學風爲避免沉迷於心性之學的方法。錢賓四先生論述顧亭林的學術大要以二語敘述：「行己有恥」、「博學於文」。

一、梁任公論顧亭林

梁任公論述顧亭林是主要從學術價值、研究方法和著述，三區塊談論。從梁任公的文字可察覺他對顧亭林是十分景仰的，在梁著《中國近三百年學術史》第六章〈清代經學的建設——顧炎武、閻百詩〉，開宗明義的點出顧亭林在清代學術史的學術地位，具有開創精神，繼顧亭林之後的清代儒者們，多走向顧氏治學方法和方向。梁任公曰：

> 清儒的學問，若在學術史上還有相當價值，那麼，經學就是他們唯一的生命。清儒的經學，和漢儒、宋儒都根本不同，是否算得一種好學問，另爲一問題。他們這一派學問，也離不了進化原則，經一百多年才漸漸完成。但講到「篳路藍縷」之功，不得不推顧亭林爲第一。（頁 79）
>
> 亭林的著述，若論專精完整，自然比不上後人，若論方面之多、氣象規模之大，則乾、嘉諸老，恐無人能出其右。要而論之，清代許多學術，都由亭林發其端，而後人衍其緒。（頁 93）

後世學者們常謂梁任公筆鋒常帶感情，筆者於梁氏敘述顧亭林的生平事蹟的字裡行間，可印證此說法〔註 2〕。梁任公用較多篇幅敘述顧亭林的生平時，言

〔註 2〕梁任公在《中國近三百年學術史》云：「他一生行誼，又實在能把這種理想人格實現。所以他說的話，雖沒有什麼精微玄妙，但那種獨往讀來的精神，能令幾百年後後生小子如我輩者，尚且『頑夫廉，懦夫有立志』。」（頁 87）、「然

詞中多有讚美顧亭林之詞，先敘述顧亭林糾合同志起兵守吳江，不料卻以失敗收場，在論述顧亭林因北京未能收復，而將母親先葬之痛。接著描寫顧亭林因國變後，不再以安逸的態度過生活，決計北遊，找尋盟友，以圖光復。最後論述康熙十七年開明史館時，葉方靄特荐顧亭林時，故事寫信與葉氏道：「若必相逼，則以身殉之矣。」梁任公鮮少著墨太多於清儒的生平，由此見到梁氏十分讚賞顧亭林的氣節。

梁氏於早期作品《中國學術思想變遷》中即主張顧炎武爲開創清代學術史的學者：

> 凡一學派初立，對於舊學派，非持絕對嚴正的攻擊態度，不足以摧故鋒而張新軍。炎武之排斥晚明學風，其鋒芒俊露，大率類是。自茲以後，王學遂衰熄。清代猶有襲理學以爲名高者，則皆自託於程、朱之徒也。雖曰王學末流極敝，使人心厭倦，本有不摧自破之勢；然大聲疾呼以促思潮之轉捩，則炎武最有力焉。

明末清初的學術思想風潮呈現多元化並出現些微的變化，有些學者力主程、朱之學，部分學者沿襲或修改王學思想內容，或者是提出有別以往的求學方法。梁任公主張有清一代學術是對於宋明理學的反動，故而認爲顧亭林的學術主張是清學的開山之祖，認爲顧氏是反對理學最有力的先鋒。

梁任公認爲顧亭林是持反對理學精神，梁氏云：

> 顧亭林說：「古今安得別有所謂理學者！經學即理學也。自有舍經學以言理學者，而邪說以起。」又說：「今日只當著書，不當講學」。他這兩段話，對於晚明學風，表出堂堂正正的革命態度，影響於此後二百年思想界者極大。所以論清學開山之祖，舍亭林沒有第二個人。（頁 79）
>
> 炎武未嘗直攻程、朱，根本不承認理學之能獨立。〔註 3〕

則雖自己所發明而與前人暗合者，尚且不屑存，何況剽竊！學者必須有此志氣，才配說創造哩。自亭林極力提倡此義，遂成爲清代學者重要之信條。「偷書賊」不復存立於學者社會中，於學風所關非細。」（頁 92）、「亭林是教人豎起極堅強的意志抵抗社會。其下手方法，尤在用嚴正的規律來規律自己。最低限度，要個人不致於流俗同化；進一步，還要用個人心力改造社會。我們試讀亭林著作，這種精神，幾於無處不留露。」（頁 87）三段話都可以顯現梁任公對顧亭林推崇至深。

〔註 3〕梁啓超：《清代學術概論》，（里仁本），頁 14。

「經學即理學」作爲顧亭林的學術宗旨是含有兩方面的意思：一是以經學爲本，只有經學才是本源之學，所謂的經學並不僅侷限於章句之學，應視爲經世之學。二是以理學爲宗，顧亭林雖然激烈的批評宋明理學，但他並不是一味反對，是不贊同沒有經學基礎的理學。梁任公將理學範圍縮小至心性之學，主張顧亭林反對理學。

見全祖望〈亭林先生神道表〉：

> 晚益篤志《六經》，謂古今安得別有所謂理學者，經學即理學也。自有舍經學以言理學者，而邪說以起。不知舍經學則其所謂理學者，禪學也。故其本朱子之說，參之以慈溪黃東發《日抄》，所以歸咎於上蔡、橫浦、象山者甚峻。於同時諸公，雖以苦節推百泉、二曲；以經世之學推梨洲，而論學則皆不合，其書曰《下學指南》。或疑其言太過，是固非吾輩所敢遽定，然其謂經學即理學，則名言也。〔註4〕

顧亭林於清代音韻學有顯著的成就，憑藉著訓詁學的學識能根據遺留下來的經典能改正宋人解經的訛誤。故全謝山以「經學即理學」敘述顧亭林的學術成就。亭林抨擊宋明理學爲釋老之學，違背中國傳統儒學之旨；批評宋明理學闡釋經典已違背原意，所言的理氣心性不過是鏡花水月。

梁任公於《中國近三百年學術史》提及：

> 亭林所標「行己有恥，博學於文」兩語，一是做人的方法，一是做學問的方法。做人爲什麼專標「行己有恥」呢？因爲宋、明以來學者，動輒教人以明心見性、超凡入聖；及其末流，許多人濫唱高調，自欺欺人，而行檢之間，反蕩然無忌憚。晚明政治混濁，滿人入關，從風而靡，皆由於此。（頁85）

宋明時期的儒學思潮是除了理學蓬勃發展外，尚有兩股潛流，分別是經學考證和經世致用之學，這兩股潛流正是顧亭林學術思想的主要內容。

經史考證之學、儒家經學、經典整理工作，三者不可分開討論。於漢代時，經學是學術潮流，經典注疏和考證學蓬勃發展，直至唐代，章句訓詁仍是學術研究的主流。北宋初期興起理學，考據學衰微，但是理學家們仍是參照漢唐經學家們作過傳住的經籍爲理論依據，所以經典注疏、考證和整理的工作並未消失反而是呈現持續性的發展。「宋初三先生」孫復、胡瑗、石介，

〔註4〕全祖望：〈亭林先生神道表〉，收入於《四庫叢刊編縮本・鮚埼亭記》，台北：台灣商務印書館，頁134。

孫、胡二人在當時皆以經學出名，孫復之學承唐代經學家陸淳，胡瑗講學分精義、治事。理學家除了心學一派學者之外，皆曾用心注疏。如程頤著《伊川易傳》、《春秋傳》、《伊川書說》、《詩說》；朱熹撰《周易本義》、《詩集傳》、《儀禮經傳通釋》、《四書章句集注》。朱熹平日講學多教人治經宜先看注疏，其弟子蔡淵撰《周易經傳訓釋》、蔡沈撰《尙書集傳》、輔廣撰《師童子問》、黃幹撰《續儀禮經傳通解》、張洽撰《春秋集注》。朱熹不僅是集宋代理學大成，亦可視爲集宋代經學大成。吳棫撰《詩補音》、《韻補》，影響顧亭林等人文字音韻研究。鄭樵、黃震、王應麟等人皆擅長考據，鄭樵撰《通志》、黃震撰《黃氏日鈔》，王應麟撰《困學記聞》，由此視宋代考據學的規模。

明代中葉以後，心學獨勝，王學末流排斥讀書。一些學者爲扭轉空疏不學之風，如楊愼《譚苑醍醐》、王世貞《四部藁》、胡應麟《少室山房筆叢》、焦竑《國史經籍志》、陳第《毛詩古音考》、梅鷟《尙書考異》等人在考據學的成績影響清初學風甚深。

梁任公於《中國近三百年學術史》指出顧亭林駁斥王學不應稱爲學問：

> 亭林一面指斥主觀的王學不足爲學問，一面指點出客觀方面許多學問途徑來。於是學界空氣一變，二、三百年間跟著他所帶的路走去，亭林在清代學術史所以有特殊地位者在此。（頁 85）

顧氏不僅持反對王學的旗幟，也點出許多治學方法，使後輩學者多遵從。

顧亭林不贊同宋明理學不解經義、空談義理的學風，顧氏云：

> 以一人而易天下，其流風至於百有餘年之久者，古有之矣，王夷甫之清談，王介甫之新說。其在於今，則王伯安之良知是也。孟子曰，天下之生久矣，一治一亂，撥亂世反之正，豈不在於後賢乎？〔註5〕
>
> 五胡亂華本於清談之流禍，人人知之。孰知今日知清談有甚於前代者！昔之清談談老莊，今之清談談孔孟。未得其精而已遺其粗，未究其本而先辭其末，不習六藝之文，不考先王之典，不綜當代之務，舉夫子論學論政之大端一切不問，而曰一貫，曰無言。以明心見性之空言，代修己治人之實學，股肱惰而萬事荒，爪牙亡而四國亂。〔註6〕

〔註 5〕〔清〕顧炎武：《日知錄・朱子晚年定論》，台中：中台印刷廠，1958 年四月，頁 539。

〔註 6〕〔清〕顧炎武：《日知錄・夫子之言性與天道》，台中：中台印刷廠，1958 年四月，頁 196。

一人之學術主張影響全學術界，並非由王陽明開始，從王衍的「清談誤國」、王安石變法，均影響了國勢，顧亭林看見儒者們空談心性，無法提出具體的救國方法，憤而激烈批評心學家。明朝的滅亡和社會的動盪，帶給當時的知識份子相當大的衝擊，學者們大多誓死抗清，或是隱姓埋名，遊歷天下。面對滿清入主中原的事實，儒者們採取反省前代學術，以求復興文化精神，宋明理學首當其衝的受到懷疑。顧亭林不僅一次批評清談帶來的禍害，忽略書本要義。

梁任公雖然欣賞顧亭林的爲人處世，建立新學派之功，但在《清代學術概論》也指出顧氏之學缺漏：

> 「經學即理學」一語，則炎武所創學派之新旗幟也。其正當與否，且勿深論——以吾儕今日眼光觀之，此語有兩病：其一，以經學代理學，是推翻一偶像而別供一偶像；其二，理學即哲學也，實應離經學而爲一獨立學科——雖然有清一代學術，卻在此旗幟之下而獲一新生命。昔有非笑六朝經師者：謂「寧說周、孔誤，不言鄭、服非。」宋、元、明以來之談理學者亦然：寧得罪孔、孟，不敢議周、程、張、邵、朱、陸、王。有譯之者，幾如在專制君主治下犯大不敬律也。而所謂理學家者，蓋儼然成一最尊貴之學閥而奴視群學。自炎武此說出，而此學閥之神聖，忽爲革命軍所粉碎。此實四五百年來思想界之一大解放也。（頁 14）

梁任公再次強調顧亭林的學術貢獻是開創了新的學術風貌，雖然顧氏打出「經學即理學」的旗幟，提供學者們另個研究方向，但是梁任公認爲這僅是立個偶像讓學者們信仰，學術不夠多元化。繼亭林之後的清代學者們雖多走向考據學，但是學者們多批評理學家們解經之錯誤，卻不敢直言鄭玄、服虔解經不妥之處，學術風氣不夠開放。且梁任公不贊同顧亭林將經學理學混爲一談，認爲兩者應該分開而論。

顧亭林除了創立了新的學術理念，也發展了新的一套治學方法——「博學於文」，雖然並未明顯指出方法爲何？梁任公已整理出幾種方法：顧氏讀書，並非專讀古書，亦注意當時的紀錄；著重調查；以鈔書爲著書。見梁任公於《中國近三百年學術史》所言：

> 亭林教人做學問，專標「博學於文」一語。所謂「文」者，非辭章之謂；「文」之本訓，指木之紋理，故凡事物之條理，亦皆謂之文，

古書「文」字皆做此解。亭林說：「自身而至於家國天下，制之爲度數，發之爲音容，莫非文也。品節斯，斯之謂禮。」亭林專標「博學於文，」其目的在反對宋明理學以談心說性爲學。（頁 87）

顧亭林「博學於文」，追求條理。所有學問回歸於書本，以鈔書進行資料纂輯的工作。顧氏抄書可分爲兩個意義：一是累積資料，二是進行著述的一般方式。後者是有計畫的抄錄資料，進行組織編排。《天下郡國利病書》、《肇域志》皆是抄正史、實錄、方志等資料，將各種文獻中相關紀載都收錄下來，然後依次編輯。《日知錄》是將蒐集到的某類型資料整理，進而概括。

而《日知錄》三十卷，尤爲先生終身精詣之書，凡經史之粹言具在焉。蓋先生書尚多，予不悉詳，但詳其平生學業之所最重者。〔註 7〕

梁任公云：

亭林的《日知錄》，後人多拿來比黃東發的《黃氏日鈔》和王厚齋的《困學紀聞》。從表面看來，體例像是差不多，細按他的內容，卻有大不同處。東發、厚齋之書，多半是單詞片義的隨手箚記；《日知錄》不然，每一條大率皆合數條或數十條之隨手箚記而始能成，非經過一番「長編」工夫，決不能得有定稿。……所以我覺得拿閻百詩的《潛丘箚記》和《黃氏日鈔》、《困學紀聞》相比，還和《黃氏日鈔》、《困學紀聞》相比，還有點相像；顧亭林的《日知錄》卻與他們不相像。他們的隨手箚記，性質屬於原料或粗製品，最多可以比棉紗或紡線；亭林精心結撰的《日知錄》，卻是一種精製品，是篝燈底下纖纖女手親織出來的布，亭林作品的價值全在此。後來的王柏申的《經傳釋詞》、《經義述聞》、陳蘭甫的《東塾讀書記》，都是模仿這種工作。這種工作，正是科學研究之第一步，無論做何種學問都該用他。（頁 91～92）

梁任公非常推崇顧亭林於《日知錄》的用力之深。雖然《日知錄》抄錄其他的文獻資料約佔八成，顧亭林發表自己見解的文字僅佔二成左右，《日知錄》的成書我們可視爲鈔書而非著書。黃震《皇室日鈔》、王應麟《困學紀聞》是單詞片義的箚記，《日知錄》則不相同，以卷二十三〈都〉爲例，引用了《詩》、

〔註 7〕全祖望：〈亭林先生神道表〉，收於《四部叢刊初編縮本》，上海：商務印書館，1967 年，頁 134。

《左傳》、《史記》、《漢書》、《後漢書》的史料，用歷史作爲編排，說明「都」的起源和流變。且《日知錄》裡頭有許多條目是互相連接，各具含意，連貫起來可彰顯主題。以卷二十二爲例：〈作詩之旨〉、〈詩不必人人皆作〉、〈詩題〉、〈古人用韻無過十字〉、〈詩有無韻之句〉、〈五經中多有用韻〉、〈易韻〉、〈古詩用韻之法〉、〈古人不忌重韻〉、〈七言之始〉、〈一言〉、〈古人未有之格〉、〈古人不用長句成篇〉、〈詩用疊字〉、〈次韻〉、〈伯梁台詩〉、〈詩體代降〉、〈書法師格〉、〈詩人改古事〉諸條，用不同面相討論詩。梁任公所言篝燈底下纖纖女手親織出來的布，即是指《日知錄》顧亭林所下功夫極深，不似黃震、王應麟只摘錄材料而已。顧亭林除了「經學即理學」影響後輩學者，著《日知錄》的功夫也影響了王柏申和陳蘭甫。

梁任公認爲顧亭林的貢獻不僅是提供做學問的方法，尚有做人的方法「行己有恥」，梁氏在《中國學術思想變遷》云：

> 亭林講學，首倡行己有恥。其言曰：古之疑眾者，行僞而堅。今之疑眾者，行僞而脆。其宗旨所在可知也。（頁 81）

在〈中國近三百年學術史〉：

> 要之，亭林在清學界之特別位置：一在開學風。排斥理氣性命之玄談，專從客觀方面研察事務條理。二曰開治學方法。如勤蒐資料綜合研究，如參驗耳目聞見以求實證，如力戒雷同剿說，如虛心改訂部户前失之類皆是。三曰開學術門類，如參證經訓史蹟，如講求音韻，如說述地理，如研精金石之類皆是。獨有生平最注意的經世致用之學，後來因政治環境所壓迫，竟沒有傳人。他的精神，一直到晚清才漸漸復活。至於他的感化力所以能歷久常新者，不徒在學術之淵粹，而尤在其人格之重峻。（頁 96）

梁任公指出顧亭林在清代學術界的三大貢獻：開學風、治學方法、開學術門類。開學風是指亭林反對宋明理學家們空談義理的學風。提出「經學即理學」的看法，強調經學的重要性，延續宋明以來的經史考證傳統，將經學與史學結合起來。捨棄空談心性的玄理和頓悟的禪學，以「修己治人之實學」代「明心見性之空言」，提倡「博學於文」、「行己有恥」的爲學宗旨，爲學應該修養身心，達於政事。顧亭林的學術範圍廣博，且能將學問的各方面加以融會貫通，於經義、史學、文字、音韻、金石、考古、天文、曆算……等等都有研究。顧氏曾言：「彼章句之士，既不足以觀其會通，而高明之君子又或語德行而遺問學，均失聖人之指矣。」〔註8〕可看出亭林不喜雕琢詞章和空疏無本之學。清代學術包括經史考據、音韻訓詁、金石考古都以亭林之學爲宗。

二、錢賓四論顧亭林

錢賓四先生和梁任公都花了不少筆墨描寫顧亭林的生平，錢賓四先生和梁任公皆描寫了顧亭林的氣節，較爲不同的是錢賓四先生多撰寫顧亭林的交遊狀況，並指出其學術思想承繼晚明學術部份，並非獨創。分析了顧亭林、黃宗羲兩人學術思想的異同。錢賓四先生由《日知錄》探索顧亭林的政治理想和特色。馬驌的《繹史》影響乾嘉漢學家甚深，錢賓四先生特在〈顧亭林〉此章附錄馬驌，除呈顯出馬驌的學術貢獻，也顯示出顧亭林北遊和馬驌的交遊情況，錢賓四先生直指清初南北學風是有相近的狀況。

《音學五書序》:「俱唐人以正宋人之失，俱古經以正沈氏、唐人之失。而三代以上之音，部分秩如，至頤而不可亂。自是而《六經》之文乃可讀。」是亭林治音韻學的方法，同時也是乾嘉考據學的重要方法之一。三代六經之音，因失傳，後人讀其文章不通，以當時字音修改，以利求其讀通，此舉也落下改經之弊病。錢賓四先生著《中國近三百年學術史》云：

> 故治音韻爲通經之鑰，而通經爲明道之資。明道即所以救世。亭林之意如是。乾嘉考證學，即本此推衍，以考文、知音之工夫治經，即以治經工夫爲明道，誠可謂得亭林宗傳。抑亭林此書，不僅爲後人指示徒轍，又提供以後考據學者以幾許重要之方法焉。(頁148)
>
> 而其適時不始於亭林。亭林之治古音，乃承明陳第季立之遺緒。陳氏有《毛氏古音考》、《屈宋古音義》，其書取徑即與亭林《詩本音》、《易本音》相似。陳氏《毛氏古音考序》，自謂：「爲考據列本證、旁證二條。本證者，《詩》自相證也。旁證者，采之他書也。二者俱無，則宛轉以審其音，參伍以諧其韻」(頁150)

錢賓四先生否定梁任公主張顧炎武爲清代樸學大師。認爲顧氏的言論在陳第的作品即可瞧見端倪。「本證、旁證」之語，非梁任公所說爲顧亭林自述，在陳第的文章裡即有出現，將顧炎武視爲清代考據學的開山祖師，非正確之言。

〔註8〕〔清〕顧炎武：《日知錄・予一以貫之》，頁201。

顧亭林的學術價值不是高倡：「經學即理學」或反對理學，而是他提供了新的研究經學方法，供後世學者學習。顧氏擁有歷史的眼光、工具的發明、歸納的研究、證據的注重，奠定了他在清代經學史上的地位。

錢賓四先生指出顧亭林的論學宗旨是「行己有恥」、「博學於文」，此點和梁任公論點是相同的。錢氏首先在《國學概論》指出顧氏不喜談心性：

> 蓋亭林主知恥同於二曲，主博文同於梨洲，而絕不談心性，則於當時爲獨異。然其後乃成乾、嘉學風，專走考證一路，則眞絕不談心性矣。學風之轉移，以漸而至，率如此。（頁252）

在《中國近三百年學術史》裡：

> 明末諸老，尚多守理學藩籬，究言心性，獨亭林不然，此亭林之卓也。（頁137）

顧亭林不喜空言談性理，身體力行的實踐忠孝仁義，這應是梁任公和錢賓四先生都推崇顧氏節操的原因。錢氏舉亭林婉拒明史館工作，無仕異代的情懷、顧氏先妣音國家滅亡而絕食、亭林怒罵門生徐乾學兄弟夜飲之事，皆彰顯出顧氏律己甚嚴、不喜媚世。「知恥」同於李二曲、「博文」同於黃梨洲，不算創見，但是不談心性就實屬清初少見的狀況，錢氏肯定顧亭林不談心性的特色影響乾嘉學者，也道出清代學風轉爲考據學並非突然，而是慢慢轉變。

明、清考試採取八股文，是許多學者不支持，錢賓四先生於《中國近三百年學術史》云：

> 集注束縛人既久，而八股亦遂有不依注以爲高者，此風盛於明末。清初如呂晚村、陸稼書盛唱尊朱，其實只求爲八股者一字一句反之朱注，與亭林諸人求反之漢、唐注疏者，取術雖不同，其爲針對當時時文八股之風尚習俗而發則一也。（頁156）

呂晚村、陸稼書等人倡導尊朱，亭林倡導經典返回漢、唐注疏。雖然遵從的經典不一樣，但是起因都是反對空談心性、束書不觀的風氣。

在錢賓四先生撰寫清代學術史後期作品，指出顧亭林並非反對宋明理學，是尊從朱學，反對王學清談風氣：

> 亭林論學，則時若有反理學之嫌，至少若與理學面目不同，然其確尊朱子，則斷無可疑。〔註9〕

〔註9〕錢穆：《中國學術思想史論叢（八）·顧亭林學述》，頁52。

是亭林言經學，尤重宋儒，而其推崇朱子，誠可謂高山仰止，而不徒羽翼聖功，乃亦發揮王道二語，更值注意。所謂內聖外王，明體達用，亭林意，爲朱子有之。〔註10〕

梁任公主張顧亭林是反對理學，錢氏認爲不然。錢賓四先生認爲顧亭林僅反對王學末流空談心性、束書不觀，並非反對宋明理學，亭林是重視宋學，推崇朱熹。「內聖外王」、「明體達用」亭林用語在朱熹作品裡即可瞧見。見顧亭林：

（孟子曰）「學問之道無他，求其放心而已矣。」然則但求放心，可不必於學問乎？與孔子之言「無嘗終日不食，終夜不寢，以思，無益，不如學也」，何其不同耶？他日又曰：「君子以仁存心，以禮存心」，是所存者，非空虛之心也。夫仁與禮，未有不學問而能明者也。孟子之意蓋曰：能求放心，然後可以學問。〔註11〕

見顧亭林評論《孟子》的求其放心，和心學學者多有不同。心學學者強調求其放心，將遺失的本心尋找回來，才能明道，將重點擺在尋回本心。亭林以「學而不思則罔，思而不學則殆」的觀念闡釋「求其放心」。君子的心是涵有仁、義，非空虛也，但僅往內心追求仁、禮，是達不到效果。故顧氏認爲孟子之意應是求放心之後，理應作學問，並非把畢生精力追求心性上。

顧氏反對王陽明《朱子晚年定論》：

專取朱子議論與象山合著與道一編輔車之卷，正相唱和矣。反此皆顛倒早晚，已彌縫陸學，而不顧矯誣朱子，誑誤後學之身。〔註12〕

直指陽明皆挑朱熹與陸象山學術相同的地方，忽略二者相異地方。〔註13〕

〔註10〕錢穆：《中國學術思想史論叢（八）．顧亭林學述》，頁54。

〔註11〕〔清〕顧炎武：《日知錄．求其放心》，台中：中台印刷廠，1958年四月，頁214。

〔註12〕〔清〕顧炎武：《日知錄．朱子晚年定論》，台中：中台印刷廠，1958年四月，頁537。

〔註13〕顧炎武：《日知錄．夫子之言性與天道》：「主敬涵養，以立其本，讀書窮理，以致其知，身體力行，以踐其實。三者交修並盡，此朱子之定論也。乃或專言涵養，或專言窮理，或止言立行，此朱子因人之教，因病之藥也。今乃指專言涵養者爲定論，以附合於象山，其誣朱子甚矣。」，頁537。顧炎武：《日知錄．朱子晚年定論》：「朱子一生效法孔子，進學必在致知，涵養必在主敬。德行在是，問學亦在是。如謬以朱子爲支離，爲晚悔，則是吾夫子所謂好古敏求多聞多見博文約禮，皆早年之支離。必如無言無知無能爲晚年自悔之定論也。以此觀之，則晚年定論之刻，眞爲陽明舞文之書矣。」，頁538。

錢氏著《中國近三百年學術史》較〈顧亭林學述〉早，撰寫《中國近三百年學術史》時，僅以暗示的手法表達亭林不滿王學末流空談心性的風氣，並非排斥理學。直至撰寫〈顧亭林學述〉才直言顧氏是尊從朱學，錢賓四先生道：

> 在亭林之意，固未嘗爲漢宋分疆，故經學中即包有理學，而理學亦不過發揮經學。至於明代中晚以下盛行之語錄，乃離異經學以爲學，故亭林不以理學許之。下及乾嘉，嚴分漢宋，經學獨歸兩漢，理學全受排斥，此又與亭林意見大爲不同。〔註14〕
>
> 學者既不敢爲程、朱之叛徒，又傾動於季野、恕谷諸人之實論，則惟亭林之判心性與學問爲二途者，爲可以安身而藏跡。故自乾、嘉以下，惟徽洲一派，其間大師尚多不失浙東及顏、李精神者。至於氣魄較小，眼光較狹之流，則專借亭林「經學即理學」一予爲話柄，於名物訓詁證禮考史外，不復知有學術矣。〔註15〕

錢賓四先生和梁任公解釋「經學即理學」一語，二人有相當大的差異。梁任公解釋爲經學就是理學，貶低了理學的地位。就錢賓四的闡釋，理學是經學的發揮，二者不可分開而論，理學中重要的傳世教學文本「語錄」摻雜了道、釋思想，是顧亭林所詬病，但並不代表顧氏反對理學。乾嘉時期，大部分的學者皆致力於考據訓詁之學，不再專研宋代學者著述經典，這和顧亭林的學術主張、成就是大不相同。錢賓四先生云：

> 梨洲矯晚明王學空疏，而主窮經以爲根柢；此等處其影響後學，豈在亭林之下？而後之漢學家不復數說即之者，正以亭林「經學即理學」一語，截斷眾流，有合於後來漢學家之脾胃；而梨洲則以經史證性命，多研義理，不盡於考證一途，故不爲漢學家所推也。然因此遂謂漢學開山，皆顧氏一人之力，則終不免爲失眞之論耳。〔註16〕
>
> 厥後乾嘉諸儒，鄙薄宋儒義理，而競治訓詁，然能如亭林此條眞能以訓詁明義理，而有關思想上之重大節目者，實不多見。可見徒治訓詁無當經學，乾嘉諸儒與亭林區別即在是。一通宋儒義理，一則門户自閉，與理學全不關心，高下得失由自而判。今謂亭林乃此下

〔註14〕錢穆：《中國學術思想史論叢（八）·顧亭林學述》，頁56。
〔註15〕錢穆：《國學概論》，頁268。
〔註16〕錢穆：《國學概論》，頁270。

> 漢學開山，不知其間精神血脈固迥不相侔也。〔註17〕

> 章實齋文史通義，分清初學術爲浙西浙東兩派。謂浙西宗顧亭林，尚經學，淵源自朱子。浙東宗黄梨洲，尚史學，淵源自陽明。竊謂清初學風，乃自性理轉爲經史。顧黄兩家，爲其代表，皆經史兼擅，而亭林造詣尤卓。蓋由朱子轉經史，其道順。〔註18〕

清初多數學者不喜王學末流的空談心性，也不想在異朝下當官，如何安身立命變成重要的課題。顧亭林抱經世之大志，從事反清復明的政治活動，確定無法成功之後，才將心力轉換爲研究學問。亭林將學問、心性分開，從中找尋安身立命之道。亭林的「經學即理學」是以哲學的方式探討經學，注重經學的義理、經世致用價值，而不在於史學、文學價值。顧氏提倡的「經學即理學」和「經世致用」是將學術與社會密切結合。錢賓四先生從最早敘述清代學術史《國學概論》即認爲乾嘉諸儒皆誤解亭林「經學即理學」的眞正意涵，才會走向只注重考據、忽略性理之學一途。到後期作品〈顧亭林學術〉更批判了顧亭林爲漢學開山祖師的說法，從是否重視宋學的觀點區分顧亭林、乾嘉諸儒的關係，認爲不需過分吹捧顧亭林影響乾嘉學者的關聯性，乾嘉學者只是將顧氏一語「經學即理學」過度發揮，否則怎會忽略黃梨洲亦修改王學空談之功勞？在此引文敘述中，可以看見錢賓四先生對乾嘉諸儒批評宋學的態度不甚喜愛。錢氏贊同章實齋浙東、浙西學派源流的說法，認爲顧亭林、黃宗羲已開始重視經史，學風由他們二人稍微改變。但因兩人皆和宋學切割不了關係，故論述清代學術史亦不能將宋明學術抽開而論。

錢賓四先生和梁任公皆持讚賞的態度看待顧氏《日知錄》：

> 亭林推爲清代開國儒宗。其學實事求是，務爲經世致用，日知錄一書規模尤閎闊。後之學者，各因其一端而申之，皆成專業。惟亭林猶得晚明講學遺緒，故其書亦尚兢兢以世道人心爲主，論學論治皆推本焉；不似後人專務博雅考訂，此亭林之所爲卓絕也。〔註19〕

在《中國近三百年學術史》：

> 亭林論學，本學二的：一曰明道，一曰救世。其爲《日知錄》，又分三部：約經術，治道，博聞。後儒乃打歸一路，專守其「經學及理

〔註17〕錢穆：《中國學術思想史論叢（八）・顧亭林學述》，頁67。
〔註18〕錢穆：《中國學術思想史論叢（八）・顧亭林學述》，頁52。
〔註19〕錢穆：《中國學術思想史論叢（八）・清儒學案序》，頁373。

學」之議，以經術爲明道。餘力所匯，則及博聞。至於研治道，講救世，則時異事易，繼響無人，而中於消沉焉。（頁160～161）

在《日知錄》一書中記載顧亭林的文學思想、教育思想、政治思想。顧氏認爲文章必須有益於天下，能夠闡明義理、記載政事才具有意義；文學創作方面切忌摹古、持文學是進化的觀念，詩文必須存在今日的樣貌。亭林認爲教育非常重要，並以「經世致用」作爲教育的宗旨，亦抨擊當時的科舉制度過於重視八股時文、忽略了經世致用之學。顧亭林對政治抱高度的興趣，可惜身處異代，不屑在滿清的統治下當官，因此將他的政治思想託於書本。顧氏的政治思想有主張寓封建於郡縣之中、崇尙人治、不可廢法治、平均財富、提倡節約。

錢氏認爲顧亭林之學是廣博經深，後世學者頂多能承繼某塊學問發揚光大，這是顧亭林之學卓越地方〔註20〕。後世學者不應將眼光狹矮化，忽略顧氏在其他學問上的成就。

第二節　顏習齋

顏元，字易直，又一字曰渾然，號習齋。生於明崇禎八年，卒於清康熙四十三年（1635年～1704年），直隸博野人（現爲河北安國縣）。爲明末清初有名之學者，其思想轉折由尊崇理學至批判理學，進而提倡實學，以對治當時束書不觀之弊病，與學生李塨同爲建立清代之事功學派創始者，又稱之爲「顏李學派」。

反對宋儒主靜之工夫論與讀書著書對實業無所裨益之事，主張務實，故其〈習行論〉便成爲研究其思想路數極爲重要的證據，此外尙有〈存性〉篇之文章，其文理內容談到其拋棄理學之人性論，闡述自己對人性之看法，同時確立顏元往後的實學思想。在顏元的倡導之下，與其同時代之士子，在從事理學訓練之餘，往往也帶有重視實踐經驗、強調身體力行的傾向。

前有所述，〈習行論〉是吾人認識顏元哲學思辨的重要文本。在〈習行論〉裡，顏元認爲一切知識來源於實踐，理論與知識則須透過實踐作爲檢驗是否

〔註20〕錢氏在《中國近三百年學術史》不斷列舉亭林之後的清儒的缺失：「以後清儒率好爲纂輯比次，雖方面不如亭林之廣，結撰不能如亭林之精，用意更不能如亭林之深且大，然要爲聞其風而起者，則不可誣也。」（頁160）

對社會文化有所助益。換句話說，在顏元的思想核心中「實踐」便是處於其居中地位。因爲天道之良能產生陰陽二氣，二氣之良能又產生元、亨、利、貞四種德行。天地間萬事萬物無一不是由「二氣四德」所化生，人既是萬物之靈，故也應當是「二氣四德」的凝結體〔註21〕，因而能通感萬物之理、氣。所以顏元主張人應將實踐活動視爲居於人類生活中的主軸地位而不可忽視，由「立實功」而「成聖」則是人生最大的價值目標。因此他說：「學者，學爲人子，學爲人弟，學爲人臣也。學者，學爲聖人也。〔註22〕」所謂實功便是爲社會、國家有所貢獻與反饋，由此來達到立心、立身、立家、立業、立政、立功、立位、立社稷、立國邑的聖人之道。〔註23〕

顏氏著述不多，僅有《四存篇》、《四書正誤》、《朱子語類評》、《習齋記餘》。顏氏學生李塨《習齋年譜》二卷，鍾錂編撰《言行錄》、《闢異論》皆記載了顏氏的學術主張和思想。

一、梁任公論顏習齋

梁任公從習齋《四存編》、復古思想、實踐主義、反主靜、重行不重知的角度談論顏習齋：

> 有清一代學術，初期爲程朱、陸王之爭，次期爲漢宋之爭，末期爲新、舊之爭。其間有人焉舉朱、陸、漢、宋諸派所憑藉者一切摧陷廓清之，對於二千年來思想界，爲極猛烈、極誠摯的大革命運動。其所樹的旗號曰「復古」，而其精神純爲「現代的」。其人爲誰？曰顏習齋及其門人李恕谷。〔註24〕

〔註21〕顏元：「二氣四德，未凝結之人也。人者，已凝結之二氣四德也。」參清・顏元著；干星賢、張芥塵、郭征點校：《顏元集》（北京：中華書局，1987年），頁680。

〔註22〕顏元：「二氣四德，未凝結之人也。人者，已凝結之二氣四德也。」參清・顏元著；王星賢、張芥塵、郭征點校：《顏元集》（北京：中華書局，1987年），頁670。

〔註23〕關於顏元之思想研究可參看以下論著：徐世昌著：《顏李師承記》（台北：文海出版有限公司，1971年）、姜廣輝著：《顏李學派》（北京：中國社會科學研究院，1987年）、張西堂著：《顏習齋學譜》（台北：明文書局，1994年）、陳登原著：《顏習齋哲學思想述》（上海：中國大百科全書出版社，1989年）、鄭世興著：《顏習齋和杜威哲學及教育思想的研究比較》（台北：中央文物供應社，1984年）。

〔註24〕梁啓超：《中國近三百年學術史》，頁151。

清初正逢宋明理學衰微。清兵入關，三藩叛亂之後，社會慢慢的安定下來，學者們也漸漸思考人生實用的學術。許多志士不願做異朝的官，便潛心研究經世濟民的學問，顏習齋此時看到有些學者只言天談性，辯論理氣問題，便提倡反對宋明理學，而宗堯、舜、周公、孔子，認爲應注重《周禮》的治理田賦、選官任職，孔門的禮、樂、兵、農等實學。教導學生應孝順父母、尊敬長上，效忠國家，對朋友有信，每天必須學習六藝（禮、樂、射、御、書、數）和六府（水、火、金、木、土、穀），與三事（正德、利用、厚生）。

顏習齋剛開始求學時，所學八股文，先遵從陸象山、王陽明，二十五歲之後開始拜服程、朱的學說，力主靜坐。三十一歲時，張石清告訴顏氏「理氣皆善」，呂文甫和他闡述朱子的《四書集註》不完全正確。三十二歲時，提出孟子言性的看法勝過宋儒。

梁任公概略的介紹《四存編》的內容：

> 所以他一生著書很少，只有《存學》、《存性》、《存治》、《存人》四編，都是很簡短的小冊子。《存學編》說孔子以前教學成法，大旨在主張習行六藝，而對於靜坐與讀書兩派痛加駁斥。《存性編》可以說是習齋哲學的根本談，大致宗孟子之性善論，而對於宋儒變化氣質之說不以爲然。《存治編》發表他政治上主張，如行均田、復選舉、重武事……等等。《存人篇》專駁佛教，說他非人道主義。習齋一生著述僅此，實則不過幾篇短文和信札、筆記等類湊成，算不得著書也。〔註25〕

因顏習齋反對過於用心在書本學問上，所以留下的著書相當少。僅留下《四存篇》、《四書正誤》、《朱子語類評》、《習齋記餘》。《四存編》分別是《存性》、《存學》、《存治》、《存人》四編。《存性編》包含了〈駁氣質性惡〉、〈明明德〉、〈棉桃喻性〉、〈借水喻性〉、〈性理評三十九則〉、〈性圖〉，梁氏認爲顏習齋論性宗於孟子，否定宋儒的變化氣質說。談論「理」是義理之性、「氣」是氣質之性、「性」是形的內在、「形」是性的外在。顏氏承襲孟子對性的看法，認爲性、情、才皆是善，主張仁、義、禮、智都是性的外在表現，「心」是屬同一個天理，仁、義、禮、智，透過外在的表現就是惻隱、善惡、辭讓、是非，情是決定是否表現，將惻隱、善惡、辭讓、是非表現在事物上是「才」。情是性的表現，才是性的功用。習齋反對宋儒談論性都和天道混雜一起討論，駁

〔註25〕梁啓超：《中國近三百年學術史》，頁153～154。

斥將性區分成氣質之性和天命之性談論。主張性不可分開而論。

顏氏曰：「性無不善」、「惡不可從善中直下來，只是不能善，則偏於一端爲惡」、「發而中節、無性不善」〔註 26〕承襲孟子性善的看法，認爲惡是因接受外物的引誘和感染，並非本生就有的。力主氣質是良善的，人只有發揮氣質的本能，即可以成聖成賢，所以惡人藉由教育，是有機會變成良善的人。

《存學篇》收入了〈由道〉、〈總論諸儒講學〉、〈上太倉陸桴亭書〉、〈明親〉、〈上徵君鍾元先生書〉、〈學辯〉、〈性理評〉。《存學編》主要反對宋儒靜坐、誦讀、空談心性。追求學識必須經過親身的研究與實習和實踐、並非空談即能得到豐富的學識。《存人編》收入了〈喚迷途〉、〈明太祖高皇帝釋迦佛贊解〉、〈束鹿張鼎彝毀念佛堂議〉、〈闢念佛堂說〉、〈擬喻錦屬更念佛堂〉，主要內容是勸說和尚、尼姑與道士還俗，勸導儒者不要談禪。《存治編》收入了〈王道〉、〈井田〉、〈治賦〉、〈學校〉、〈封建〉、〈宮刑〉、〈濟時〉、〈重徵舉〉、〈靖異端〉，是顏氏二十四歲時所作，有感於當時讀書人精神萎靡、老弱殘兵，提出應恢復三代的井田、考試選士、寓兵於農。

宋儒爲求明心見性，就必須讀書和靜坐，忽略了實地習行。顏氏一生注重習行，反對只顧讀書的人。梁任公謂顏習齋重視「習」：

> 他所謂習，絕非溫習書本之謂，乃是說凡學一件事都要用實地練習功夫。所以我叫他做「實踐主義」。他講學問最重效率。〔註 27〕
>
> 習齋以「習」名其齋。因爲他感覺「習」的力量之偉大，因取《論語》「習相遠」和「學而時習」這兩句話極力提倡。所以我說他是「唯習主義」。習齋所講的「習」，含有兩義：一、是改良習慣。二、是練習實務。〔註 28〕

顏習齋主張讀書人若只注重舞文弄墨，談玄理是具危害性，小則害人心，大則有害於國家。顏氏主張人的心會動。專心實習，能使心有所寄託避免墮入狂妄。認爲眞正的儒者都必須是無時無刻都在實行，並且盡力去行。在習行上做工夫即可，不必花太多時間用功在言語和文字上。顏氏還指出《論語》爲記載孔子的言論，是孔子和弟子討論的話，弟子所記載的都是孔子的「行」以「學而時習之」、「有朋自遠方來」、「人不知不慍」爲例。梁任公認爲顏習

〔註 26〕顏習齋：《存性編・性圖》，台北：世界書局，1959 年初版，頁 22。
〔註 27〕梁啓超：《中國近三百年學術史》，頁 153。
〔註 28〕梁啓超：《中國近三百年學術史》，頁 174。

齋所言「習」有二義：改良習慣、練習事務。

因顏習齋闇然自修，鮮少外出交遊，又堅持不肯著書，幸其弟子李塨發揚其學說，梁任公論「顏李學」否定讀書的觀念：

> 他否認讀書是學問，尤其否認注釋古書是學問，乃至否認用所有各種方式的文字發表出來的是學問。他否認講說是學問，尤其否認講說哲理是學問。他否認靜坐是學問，尤其否認內觀式的明心見性是學問。我們試想，二千年來的學問，除了這幾項更有何物？都被他否認得乾乾淨淨了。〔註29〕

> 由此觀之，元不獨不認宋學爲學，並不認漢學爲學，明矣。元之意蓋謂：學問絕不能向書本上或講堂上求之，惟當於社會日常行事中求之。〔註30〕

> 習齋有《存性》、《存學》、《存治》、《存仁》四編，其精華之論，皆在於是，號之曰周孔之學，以自別於程朱，其言曰，以講讀爲求道，其距千里也，以書爲道，其距萬里也，蓋其學頗有類於懷疑派，而事事而躬之，物物而肆之，以求其是，實宋明學之一大反動力，而亦清學最初一機捩也，雍乾以後，學者莫或稱習齋，然顧頗用習齋之術，但其術同，而所用之目的地不同，以實事求是一語，而僅用之於習齋所謂其距萬里之書，習齋其恫矣，乃者餘杭章氏極推習齋，以爲荀卿以後一人，其言或太過，然要之爲一代大儒必矣。〔註31〕

顏氏認爲讀書是可以明理，但如果死記書本的道理，就無法通達天理，讀書不應死記，應著重領悟天理部分。學者應該努力實行，僅一味的讀書是無益處。梁任公認爲顏氏僅反對讀書，而非做學問兩者應該分開而論，否認讀書、註釋古書、講說哲理、靜坐、內觀式的明心見性是學問〔註32〕，顏氏此言否

〔註29〕梁啓超：《中國近三百年學術史》，頁157。

〔註30〕梁啓超：《清代學術概論》，頁23。

〔註31〕梁啓超：《中國學術思想變遷之大勢》，頁82。

〔註32〕梁任公在《中國近三百年學術史》曰：「主靜是顏李根本反對的。以朱陸兩派論，向來都說朱主敬，陸主靜。其實「主靜立人極」這句話，倡自周濂溪，程子見人靜坐，便歎爲善學。朱子教人「半日靜坐」，教人「看喜、怒、哀、樂未發之中」，程朱派何嘗不是主靜？所以「靜」之一字，雖謂爲宋、元、明七百年間道學先生們公共的法寶，亦無不可。習齋對於這一派話，最爲痛恨。」（頁163～164）

定了中國傳統讀書人做學問的方式，力主學問應該從生活上著手。在梁任公前期作品《中國學術思想變遷大勢》說明顏李學派以「懷疑派」相比擬，應是用顏學否定讀書的說法來比擬，亦將顏氏反理學的說法，視爲清代學風轉變的原因。雍乾之後的學者，不再有人提出和顏習齋相同的作學問方法。梁任公欣賞顏氏於清代學術耕耘之功，卻認爲章實齋將顏氏比喻爲「荀卿後一人」讚譽甚過。

梁任公說明顏李學派做學問的方法：

> 顏李學派，本重行不重知。他們常說「可使由不可使知」，是古人教學良法。看起來，像對於知識方面太忽視了，實亦不然；他們並不是不要知識，但以爲必從實行中經驗得來纔算眞知識。〔註33〕

> 王陽明高唱「知行合一」，從顏李派看來，陽明派還是偏於主知，或還是分知行爲二；必須如習齋所說見理於事、因行得知，纔算眞的知行合一。陽明說「不行只是不知」，習齋翻過來說：不知只是不行。所以他不教人知，只教人行；行又不是一躺過便了，最要緊是「習」。〔註34〕

顏氏認爲若將學問的重點擺放在講學，不論說什麼都是錯誤的。宋儒所言的性命之理，若沒有實踐，也形同沒說，如此也不必白費功夫。習齋的學風是教人多做事，少談原理。顏氏反對「主靜」認爲有壞身體、損神智的壞處，但也提倡了「主敬」，但和宋儒的主一無適爲居敬功夫是不相同的，採「敬其事」、「執事敬」、「行篤敬」、「修己以敬」的方法。顏氏亦反對宋儒「一旦豁然貫通，則眾惡之表裏精粗無不到，而無心之全體大用無不明」。認爲人不可能精通客觀的事物原理即可明白天道。梁任公頗贊同顏氏此番言論。梁任公認爲顏元不僅反對朱熹窮理的方法，亦反對王陽明「知行合一」，認爲陽明將知行分開而論，仍然偏重知識，陽明認爲不知道所以無法實踐，但是顏行齋將「行」擺爲第一，認爲實踐後就能知。

梁任公略述顏元的思想：

> 質而言之，爲做事故求學問，做事即是學問，舍做事外別無學問；此元之根本主義也。以實學代虛學，以動學代靜學，以活學代死學，與最近教育新思潮最相合。但其所謂實、所謂動、所謂活者，究竟

〔註33〕梁啓超：《中國近三百年學術史》，頁172。

〔註34〕梁啓超：《中國近三百年學術史》，頁173。

能免於虛靜與死否耶？此則時代爲之，未可以今日社會情狀繩古人矣。〔註35〕

以「做事即是學問」概略顏習齋的學問，習齋提出「實學」、「主動」反對明末清初儒者們空談性理的弊病。梁任公認爲顏習齋這些學說頗合民國初年的教育，但需要改良，才符合社會需求。

梁任公在《中國近三百年學術史》有粗略的比較顏習齋與李恕谷學術的不同：

> 習齋待人與律己一樣的嚴峻。恕谷說：交友須令可親，乃能收羅人才，廣濟天下。論取與之節，習齋主張非力不食，恕谷主張通功易事。習齋絕對的排斥讀書，恕谷則謂禮、樂、射、御、書、數等，有許多地方非考證講究不可，所以書本上學問也不盡廢。這都是他對於師門補偏救弊處。然而學術大本原所在，未嘗與習齋有出入。（頁155）

顏習齋、李恕谷這門「實踐實用學派」是顏元所創，但因交遊稀少、又不肯著書書寫學問；李恕谷廣交當時有名人物：萬斯同、閻百詩等人。康熙三十四年，李恕谷應浙江桐鄉縣知縣郭金湯之邀南遊，遇見王復禮，王氏舉證歷歷的告訴他今本《大學》、《孝經》是朱熹竄改。而後在毛奇齡影響，走入考據學風。梁任公認爲李恕谷雖然改變了顏習齋的工夫論、不再恪守排斥讀書的規範，但二人的學術基本主張，並無太大的差異性。

二、錢賓四論顏習齋

錢賓四先生論顏習齋的學術思想可分爲理學的影響、思想大要、和王陽明心學雷同的地方、其學說受孫夏峰影響的地方、李恕谷學風轉變過程、當時河北學者對顏李學派的評價、錢氏對顏李學派的評價，多方面討論。

錢賓四先生在《中國近三百年學術史》將顏習齋的爲學過程詳述之：

> 習齋，北方之學者也，早年爲學，亦嘗出入程、朱、陸、王，篤信力行者有年，一日翻然悔悟，乃並宋明相傳六百年理學，一壁推翻，其氣魄之深沉，識解之毅決，蓋有非南方學者如梨洲、船山、亭林諸人所及者。（頁177）

〔註35〕梁啓超：《清代學術概論》，頁24。

錢氏在簡介顏習齋的生平時側重描寫顏習齋曾研究過宋明理學，涵義著顏習齋受到宋明理學一定程度的影響。顏習齋堅決反對理學的態度勝過黃梨洲、王船山、顧亭林諸人。根據《年譜》記載，顏習齋自南遊後，見人人空談心性，至此開始反對宋學。錢賓四先生主張顏習齋不從心性義理辨別孔孟、程朱的高下，反而以實踐區分高下。顏氏直批程朱之學無用，評量宋儒不從學術成就、品德高低論斷，而從事功角度評斷。顏習齋痛惡宋儒持靜坐、讀書的主張，認為讀書人空有一肚子學問，體態卻比武士、農夫柔弱，實不可取也，且也無益於知識。君臣希望世人讀書當官，便是控制思想的一種手段，使世人無法成聖賢和豪傑。並將天下多人讀書之罪怪於朱子，顏氏曰：「千餘年來，率天下入故紙中，耗盡身心氣力，作弱人、病人、無用人者，皆晦庵為之也。」認為朱熹只重視讀書，忽略作學問的工夫了，靜坐的工夫也無益於學問。習齋亦用早年靜坐看到的境界的經驗說明無用，顏氏不否認境界，但認為境界本身是虛幻非真實，不需刻意追求。

顏元「習恭」、「習端坐」的功夫和宋儒所言「敬」是相當類似。錢氏在《中國近三百年學術史》認為此部分學說和宋儒相近：

> 故宋、元、明儒者主敬主靜，其實出於一源，敬、靜工夫，到底還是一色，惟字面不同耳。今習齋所謂習恭習端坐，與彼亦復何異？而云有天淵之別耶？（頁 217）

> 自習行轉入於考究，則以後三百年漢學考據訓詁之說也；自經濟轉及於存養，則以前七百年宋學心性靜敬之教也。（頁 219）

顏氏謂：「游馬生學，教之習端坐功，正冠整衣，挺身平肱，手交當心，頭必直，神必悚；如此則扶起本心之天理，天理做主，則諸妄自退聽矣。」此番「習恭」、「習端坐」的主張和朱熹「主敬」、程伊川「整齊嚴肅」、謝上蔡「常惺惺」、林和靖「齊心收斂不容一物」是相當的類似。錢氏認為宋儒不論是「主敬」或「主靜」都是相當類似，僅用字不同而已。

習齋又說：「端坐習恭，則扶起本心之天理，天理作主，則諸妄自退聽。」天理二字是理學家常用之語。錢賓四先生認為顏氏既重習行，即不用論本心之天理。若從習行中體會天理，也不需要有端坐習恭這番功夫。所以錢氏認為宋儒談心性之學對顏李之學是有一定程度的影響。

錢賓四先生亦在《中國近三百年學術史》指出習齋的思想和宋儒不一樣的地方：

> 宋儒高自位置，每以道德純備，學術通明，自負爲直接堯、舜、孔、孟之傳，而漢、唐君相大儒，事功赫奕，宋儒輕之曰「雜霸」。習齋評量宋儒，則不從其道德、學術著眼，即從其所輕之事功立論。蓋宋儒之所輕，正即習齋之所重也。（頁 179）

> 然則習齋論學，雖徹頭徹尾側重功利，而亦未嘗忽性道。性道、事功交融互洽，而會其歸於禮樂。禮樂者，內之爲心性之所由導而達，外之爲事功之所由依而立。（頁 197）

顏習齋認爲「愧無半策匡時艱，惟餘一死抱君恩」情節雖然感動，但是對國家建設是毫無幫助。以「無用」批評理學家，認爲程、朱之學已背離孔、孟之道。孔子的弟子習禮、彈琴瑟，實踐仁孝之道，但是程頤僅提倡主靜、打坐、讀書，二者不應視爲一路。雖然顏習齋十分重視事功之學，卻未忽略論「性」，主性善，認爲性本身即存有禮樂，藉由才、情表現出。

顏元論「性」：

> 若謂氣惡，則理亦惡；若謂理善，則氣亦善。蓋氣即理之氣，理即氣之理，烏得謂理純一善而氣質偏有惡哉？譬之目矣，眶、皰、睛，氣質也，其中光明能見物者，性也，將謂光明之理專視正色，眶皰睛乃視邪色乎？……能視即目之性善；其視之也，則情之善；其視之詳略遠近，則才之強弱，皆不可以惡言。蓋詳且遠固善，即略且近亦善，第不精耳。惡於何加？惟因有邪色引動障蔽其明，然後有淫視，而惡始名焉。然其爲之引動者，性之咎乎？氣質之咎乎？若歸咎於氣質，是必無此目，然後可全目之性矣。〔註 36〕

錢賓四先生花了很大的篇幅敘述顏習齋論「性」，顏元提出和宋儒不同的看法，認爲氣質之性非惡。若主張氣質爲惡，那天理即是惡；可若改說理爲善的，那氣應該是善的。顏習齋認爲不可以將理氣分開二論，兩者爲一體，皆是良善。所謂的「惡」是從習而來，不可以將「習」歸咎於氣質，因氣質是良善的。顏氏舉例說明人未所愛弒父親和弒君王，這個過錯不能視爲「愛」，而應看爲無仁義、無禮和不智。在此論點上，顏習齋及提倡如何矯正「惡習」？即是「禮樂」，禮樂實踐方式是《虞書》所敘六府（水、火、金、土、木、土、穀）和三事（正德、利用、厚生），與《周禮》六德（知、仁、聖、義、忠、

〔註 36〕顏習齋：《四存編・存性編》，頁 3。

和)、六行（孝、友、睦、婣、任、恤)、六藝（禮、樂、射、御、書、數),這些事情都需要實踐並非空談。宋儒認爲認識理較重要，習齋認爲並須碰觸事情才能明白「道」，且他認爲自周、孔即是以此道理教學，是宋儒誤解周、孔本意了。性倒是存在於理樂之中，必須依賴理樂，性道才能被眾人了解。

錢賓四先生在前期作品《國學概論》敘述顏李學派受楊明學的影響和清初學風的改變：

> 敬靜之不可恃，陽明亦先言之。致良知爲「事上磨練」之教，本與顏、李習行之學可以溝貫。特當陽明時，理學路子尚未走盡，故用思說話，皆不能如顏、李之透闢。學者當參徹其間消息，勿徒爭是非，求勝負，爲古人鬬閒氣也。〔註37〕

陽明的「致良知」是在意念之處做誠意的動作，且有步驟可依循。在陽明的「良知」是具有普遍性，是人人相同，是每個人的道德標準。「致良知」有三個要點「擴充」、「至極」、「實行」，人應該擴充自己的良知和將良知實踐。錢氏認爲這點和顏習齋的論點極爲相似，是屬顏元受到王陽明之學影響之一。

錢賓四先生於《中國近三百年學術史》重申顏習齋之學和陽明學相同的地方：

> 習齋早年深喜陸王，其後轉治周、程、張、朱，又轉而排斥之，不自悟其所以排斥周、程、張、朱者，乃頗有幾許論點源於其最先所深喜之陸王，潛滋暗長，盤據心中，還爲根核，雖已經幾度之變化，要爲其先存之故物，正是習齋所云「因習作主」之一例。惟身習易見，心習難知，可以微論，難以確說。(頁204)
>
> 由斯觀之，王、顏兩家，自其反虛文、重實事之一節言，實有共通之點。其所抨彈，或及於朱子，其觀感所發，實由於朝廷之功令，舉子之俗業也。(頁206)
>
> 凡此所言，自漢以來，訓詁、記誦、詞章之學，習齋所深斥者，陽明已先及；虞廷盛治，禮樂政教、水土播植，習齋所力倡者，陽明亦同之；各就其性分之所近，專治一藝以成才，而靖獻於天下，陽明、習齋所論無異致。習齋之見，何以自別於陽明？惟陽明深非功

〔註37〕錢穆：《國學概論》，頁255。

利，習齋則澈骨全是功利，此爲兩人之所異耳。（頁 212）

梁氏著作隻字不提顏習齋學說與王陽明的學術主張之間關聯性。錢賓四先生舉習齋早年喜陸王學說爲例，覺得顏習齋是因欣賞陽明學說才否定程朱之學。陸象山亦提過反對讀書的理論，王陽明的「知行合一」和「事上磨練」和顏氏學說相近。陽明和習齋皆有感於政治環境提出讀書無用的理論。雖然顏習齋：「章句之惑，陸輕於朱；禪寂之妄，朱減於陸」評論朱、王。但作品多批評朱學，少攻擊王學，爲錢氏主張顏習齋學說相似王陽明學說證據第二。第三個證據即是習齋所反對訓詁、著疏之學，陽明皆提過，且王、顏二人都是主張實踐。兩人最大的不同，顏習齋重功利勝過王陽明許多。

錢賓四先生在《中國近三百年學術史》認爲顏習齋之學收到孫夏峰的影響：

> 然習齋論學，亦非平地拔起，殆亦有其因緣。以余所見，習齋要不失爲當時一北方之學者，其學風蓋頗似孫夏峯，其講學制行，蓋有聞於夏峯之風聲而起也。夏峯論學，樸樸無所奇，以視習齋傲睨千載，獨步一世，若遙爲不倫；然以夏峯人格之堅實，制行之樸茂，則習齋所論，正爲近之。（頁 198～199）
>
> 今夏峯忠孝之大節，禮樂兵農之素行，正習齋四存編中理想之人物，所謂「吾儒一線之眞脈」者。惟夏峯不斥宋儒，不廢著述耳。習齋之與夏峯，地相望，時相接，烏得謂習齋不受夏峯影響哉？據年譜：習齋年二十四、五，弟子交遊間頗有夏峯門人。（頁 199）

錢賓四先生認爲顏氏之學除了深受王陽明影響外，亦受到孫夏峰影響甚多。孫夏峰主張身體力行和顏習齋的主張極爲類似。孫夏峰的表現正是顏元《四存編》中的理想人物。且據《顏元年譜》是可發現顏元從師的對象是有孫夏峰的門人：李孝慤。當時北學即盛行不主讀書、排詆宋儒之風。此番論點亦是在梁任公的著作中未提及的。

錢氏論恕谷之學轉變：

> 北方顏、李之學，遂與南方浙學相合。蓋梨洲本多方，其言心性者，承理學之傳統。其經世致用，則爲言史論政。其矯明人語錄空疏之病，而以考古爲根柢者，則爲經學。季野不喜言心性。〔註 38〕

〔註 38〕錢穆：《國學概論》，頁 263。

> 苟不能推明我之心性以興禮樂，則不得不講求古人之禮樂以範我之心性，而年遠代湮，所以講求古之禮樂者，又不得不借途於考據。恕谷之自有取於季野、西河以補其師之缺憾者在此。此又顏學所以仍不免折入漢學考據之一途也。〔註39〕

顏習齋談禮樂、經濟、事物、揖讓升降，皆崇古，既接觸古代學術就難以避免使用考據學，所以李恕谷剛從學於顏習齋時，勸顏氏不必過於崇古。既然崇古就必須考據六藝、宗廟、郊社、朝會、禮儀是否正確？確定正確後，後學者才能學習正確。所以顏李之學無法避免走路考據學一途。

錢氏評價：

> 而後六百年相傳之理學，乃痛擊無完膚。夫學術猶果實也，成熟則爛而落，而新生之機，亦於是焉茁。清初諸儒，正值宋明理學爛敗之餘而茁其新生，凡此其萌蘖之可見者也。故梨洲、乾初尚承蕺山之緒，不失王學傳統，夏峯、二曲、桴亭則折衷朱、王之間，亭林則深擯理學於不論不議之列，船山則黜明而崇宋，習齋乃并宋而斥之也。然其於六百年之理學爲窮而思變則一也。〔註40〕

> 以言夫近三百年學術思想之大師，習齋要爲巨擘矣。豈僅於三百年！上之爲宋、元、明，其言心性義理，習齋既一壁推倒；下之爲有清一代，其言訓詁考據，習齋亦一壁推倒。「開二千年不能開之口，下二千年不敢下之筆」，王崑繩語，見居業堂集卷八與壻梁仙來書。遙遙斯世，「前不見古人，後不見來者，念天地之悠悠，獨愴然而涕下」，可以爲習齋詠矣。〔註41〕

清初理學衰落，但並不是迅速消失。黃宗羲、陳乾初學術主張仍和王陽明脫離不了關係。而孫夏峰、李二曲、陸桴亭是朱、陸學說兼采。顧亭林並未有太多推崇或貶抑理學的說法，顏習齋抨擊理學的言論較多，學術卻也受到王陽明學術影響。

錢賓四先生給予顏習齋的評價頗高，認爲他推倒宋、元、明喜談心性之風氣，亦不似乾嘉諸如喜將畢生精力投注於故紙堆中。

〔註39〕錢穆：《中國近三百年學術史》，頁219。
〔註40〕錢穆：《國學概論》，頁256。
〔註41〕錢穆：《中國近三百年學術史》，頁198。

第三節　戴東原

戴震，字愼修，又字東原，安徽休寧人。生於清雍正元年，卒於乾隆四十二年（1723～1777）。幼時質疑朱熹的《四書章句集註‧右經一章》未必正確，二十多歲拜江永爲師，四十六歲時到了直隸，應總督方觀承之邀，修《直隸河渠書》，兩年後再修《汾陽縣志》。五十一歲至四庫館擔任五年纂修官，積勞成疾，與世長辭。

順治十七年，清廷頒布禁令，嚴格禁止讀書人聚眾講學、集會結社。康熙雍正年間，大興文字獄。造成當時的學者多把心力投注於註釋古代文獻、考訂古音古韻，選擇治經，不敢治史，閉口不談心性義理，專心致力於考據。戴震的鄉先輩方以智、黃生開啓了考據學的學風。

乾嘉時期，惠棟爲吳派之祖，學生有余蕭客、江聲、王鳴盛、錢大昕、王昶等；戴震爲皖派之祖，學生有王念孫、段玉裁等。念孫子引之，也以考據學著名，世稱戴段二王。二派接排斥宋學的空疏，提倡許、鄭的樸學，治經、治史、治子，皆重訓詁，以求眞的心態整理古籍。

戴震以考據探求義理，又長於辭章。著作非常多，經學方面有《尚書義考》、《毛鄭詩考正》、《詩經補注》、《儀禮考正》、《考工記圖》、《學禮篇》、《大學補注》、《中庸補注》、《原善》、《緒言》、《孟子字義疏證》、《經考》。校訂經學方面有：《儀禮集釋》、《儀禮職誤》、《儀禮釋宮》、《大戴禮記》、《孟子趙注》、《孟子音義》、《蒙齋中庸講義》。《原善》是戴東原對儒家思想的初步理解，理解的道理越多遂成了《孟子私淑錄》和《緒言》，整理一套學說後成《孟子字義疏證》。

小學方面著作有：《爾雅文字考》、《六書論》、《聲韻考》、《聲類表》、《方言疏證》。天文測算學方面的著作有：《策算》、《句股割圜記》、《原象》、《迎日推策記》、《續天文略》、《曆問》、《古曆考》、《識府算經論》。校訂經學方面有《算經》。地理學方面著作有《氣穴記》、《水池記》、《直隸河渠書》、《汾州府志》、《金山志》、《汾陽縣志》。校訂地理學的部分有《水經注》。文學著作方面：《區原賦注》、《九章補圖》、《文集》、《唐宋文知言集》、《制藝》、《經藝》。

一、梁任公論戴東原

梁任公研究戴東原的思想主要見於〈戴東原著述纂校書目考〉、〈戴東原先生傳〉、〈戴東原哲學〉，〈戴東原著述纂校書目考〉屬於書目考訂和整理，主要參見〈戴東原先生傳〉與〈戴東原哲學〉。

〈戴東原先生傳〉引文材料來自於洪榜〈戴先生行狀〉、段玉裁《戴東原先生年譜》、王昶〈戴先生墓誌銘〉、錢大昕〈戴東原傳〉、余廷燦〈戴東原事略〉、凌廷堪〈東原先生事略〉、孔廣森〈《戴氏遺書》總序〉、江藩《國朝漢學師承記》、李元度《國朝先正事略》，梁任公最爲重視的是洪榜〈戴先生行狀〉和段玉裁《戴東原先生年譜》，因洪榜的〈戴先生行狀〉是在戴東原過世後一個月完成，而段玉裁《戴東原先生年譜》是戴東原過世後三十八年才完成。就材料的可信度屬洪榜的〈戴先生行狀〉較高。

梁氏認爲研究戴東原哲學應注意幾個問題：《孟子字義疏證》的命名問題、戴氏爲何尊孟子距楊、墨、韓愈、假意託孔孟之言，不敢舒張自己意見。「通經宜先識字」，識字是手段，通經才爲目的，可惜大多數的乾嘉學者都顚倒順序，注重爾雅說文之學，梁任公認爲戴東原做《孟子字義疏證》正是實現這種順序，畢竟古今異言，必須重新訓詁才能明白經典的眞正意義。戴東原雖然距楊墨但是他對敵派的學術批評是相當公正，以毛西河攻擊程、朱的文獻和陸稼書攻擊陸王的書和戴東原的書互相比較，可發現戴東原的批評公正許多。且梁任公主張戴東原並不是刻意攻擊和自己不同學術主張的學派，而是看不慣宋儒以佛老的思想摻雜於孔孟學術中。〔註 42〕關於戴東原託孔孟之言談學術的問題，梁任公認爲他僅是先立一個假定的見解，再將這見解和各從見各派個人所說的比較，覺得孔孟之說較相和他的看法，所以這是創造並非因襲。

梁任公還整理出戴東原的學術淵源。自顧亭林提倡「經學即理學」之後，學者們始將眼光置於經典之中，考據學風氣始於此。康熙、雍正時期是程朱學和經學平分天下，到戴東原的少壯時期考據學已蓬勃發展。當時南方盛行漢學，以惠棟和江永爲代表，但乾嘉學者們皆是以考據爲主要工作，忽略思想。梁任公認爲戴東原的思想受到方密之、黃扶孟的聲韻訓詁學術影響，受到江愼修的訓詁方法和程朱之學影響，還有受到顏李學派的影響。因爲戴東原和方希原有來往，定會聽到方家子弟們聽到顏李學派的理論；第二個理由

〔註 42〕梁任公言：「以嚴格言之，也可以說，東原並沒有攻擊別派的行爲，不過將這派那派研究出他們的眞相，理清楚他們的系統，叫他們彼此不相蒙混」梁任公：《戴東原》，頁 17。

是因爲李恕谷力在江南推行學術，受到當時的學者們廣烈討論，持贊成和反對的意見皆相當多，梁任公猜測戴東原會聽到是仲明論學。第三個理由是程眠莊爲當時江南顏李學派的大師，且和程魚門交情良好，程魚門又與戴震爲摯友關係，所以可能由此得到顏李學派的影響。

戴東原認爲「理」並不是可以超越空間與時間體驗得到，而是存在於事物當中，所以他以「理在事情」反駁宋儒「理在人心」之說，梁任公曰：

> 他（戴震）引孟子「理義之悅我心，猶芻豢之悅我口」釋之曰『味也，聲也，色也，在物而接於我之血氣義理在事而接於我之心知。』是「理」必爲客觀的存在甚明，理既憑藉客觀的事物而始存在。所以「事物之理必就事物剖析至微而後能得」東原所謂，大略如此。〔註43〕

理之來源在「爲」，爲之來源在欲，約束欲的爲「情」故剖析物理必須要從「情」和「欲」出發，無法捨情求理。而戴東原認爲離開客觀的事物條理與同情同欲的標準求「理」，稱爲「意見」。宋儒整天談「理」卻無法舉出實例，是禍民的說法，故戴東原主張一切罪惡根源都是因爲誤拿「意見」當成理所造成的。

梁任公認爲戴東原哲學第二章的重點是情慾主義。因爲戴震認爲義理和情慾是不能分開而論，以飲食男女爲例，因飲食男女的大欲，天地間才能生生不息。君子實現自己的欲望時，並不會犧牲他人的欲望，亦不會將自己的快樂建築在他人生上。將自己的快樂建立於他人的痛苦，這種欲望就不是眞正、合理的欲。合理的欲是個人的欲並須和全天下人的欲相同，不危害別人的欲。在戴東原的主張裡，欲並沒有善惡之分，僅有是否爲自私的欲望的分別性？人受外物的感應會產生各種不同的欲望，情欲萌芽而合乎節度，便稱爲和、天理。在情慾沒有萌動的時候是「天性」。天性、理、情欲是密不可分，欲從情中產生，情是性的表象、是性情的反應。

釋老之學可不談欲望，是因有自己的理論；宋明儒者竊取釋老之學，主張無欲，是戴東原反駁的主要原因，舉出了三大毛病：第一令好人難做，人的行爲皆起於慾望，倘若沒欲望即沒行爲，不合乎理。第二養成苛刻的風俗，專倚仗著自己的意見論「理」，和自己持不同意見便「自絕於理」。第三迫著人作僞，聖賢者都是提貼人情，完成大眾的願望，宋儒卻將「不出於欲」爲

〔註43〕梁啓超：《戴東原》，頁23。

合理，將人類物質生活的重要事項以「人欲」二字抹殺。梁任公認爲戴東原提倡的情欲主義爲：

> 簡單說一句，東原所以重視情欲，不過對宋儒之「非生活主義」而建設「生活主義」〔註44〕

梁任公整理戴東原哲學重點爲性的一元與二元。宋儒將理欲分開而論是他們認爲人類的性由兩部分合成：義理之性、氣質之性。「性」是儒家哲學中最重要的課題，中國哲學史上最早討論「性」是關於善惡的問題，因教育和政治的出發點不同所延伸出的看法亦不相同。宋學發展之前有三種關於「性」不同的討論：第一種是孔子「性相近」、孟子「性善」、荀子「性惡」。第二種是「性可以爲善可以爲不善」。第三種說法是「有性善有性不善」。宋學摻揉了佛老學說，將性區分爲二，梁任公認爲這是「性的二元論」。

程依川認爲「氣」是形下，理是形而上。朱熹襲取周敦頤的《太極圖說》和程伊川的思想，認爲氣是形而下的器，理爲形而上的道，將太極分爲理、氣。戴東原認爲人的神識和形體是不可區分，有形體就有神識，形體不存在，神識也不會存在。

對性的二元論大聲批判的學者是顏習齋和戴東原。戴東原認爲老莊所謂將性稱「道」是因其目的爲神離形體而長存，所以分開而論，程朱吸收此說法。荀子將性區分爲一班的心知外還有禮義的聖心，這分法在梁任公眼裡是近似於宋儒的性毒二元論。戴東原主張性善，且是一元論，心既是氣血也是心知。

戴東原的學術重點梁任公認爲尚有第四點：命定與自由意志。戴東原釋「命」爲「如聽於所制者然知謂命」、「據其限於所分而言謂之命」，所言的命定是「分限」：遺傳、環境、受動的。所謂的受動的是別方面動作加諸於上。以人的壽命爲例，人是無法活到一百五十歲，稱爲命定，並非是造物主在操弄生命。人都喜歡高級的五官感受，但不能僭越禮節的超越，享用自己的部分就好，此爲「命也」。但戴東原認爲人不可以持消極的態度，認爲自己不如人、分限的緣故，就不追求知，應抱持積極的態度努力向上一步實踐。

梁任公詳述戴東原哲學應注意的問題尚有一塊：修養實踐談，以孟子的「擴充論」理解戴東原的工夫論。戴東原要解決的問題即是人何以爲惡？又何以除惡？這是東原的修養實踐命題：去私與解蔽。私的來源是欲之失。人

〔註44〕梁啓超：《戴東原》，頁28。

要爲善的始端是欲望，但若是欲用之不當會產生出不仁的結果。人是因爲愛自己才有慾望，愛是仁的產生條件，但愛自己很容易迫害他人，這就是「私」，去私的方法就是欲天下人之欲。去蔽是戴東原更爲重視的，蔽的來源是「藏生於知之失」，蔽者就是不顧客觀的事情而專憑主觀的意見。「解蔽莫如學」學可以訓練自我的心知功能，每研究一件事理，務必以不同的角度多方面看待，觀察徹底，自然可以提高心知官能。梁任公認爲戴東原的「解蔽」爲：

> 他所謂解蔽莫如學的大旨大略如是，這些話驟看過去像是專從智識方面講，無與德行。其實不然，東原意思以爲天下罪惡起於蔽者什而八九，不蔽則幾於至善了，從這一點說，也可以說東原哲學是「新知行合一主義」。〔註45〕

梁任公一直都很推崇戴東原的學術研究：

> 《疏證》一書，字字精粹，右所錄者未盡其萬一也。綜其內容，不外欲以「情感哲學」代「理性哲學」。就此點論之，乃與歐洲文藝復興時代之思潮之本質絕相類。蓋當時人心，爲基督教絕對禁欲主義所束縛，痛苦無藝，既反乎人理而又不敢違，乃相與作僞，而道德反掃地以盡。文藝復興之運動，乃采久閼窒之「希臘的情感主義」以藥之。一旦解放，文化轉一新方向以進行，則蓬勃而莫能禦。戴震蓋確有見於此，其志願確欲爲中國文化轉一新方向。其哲學之立腳點，眞可稱二千年一大翻案；其論尊卑順逆一段，實以平等精神，作倫理學上一大革命。其斥宋儒之糅合儒佛，雖辭帶含蓄，而意極嚴正，隨處發揮科學家求眞求是之精神，實三百年間最有價值之奇書也。震亦極以此自負。〔註46〕

梁任公讚揚戴東原的人格外，也欣賞戴東原的作品《孟子字義疏證》含有情感哲學，可於歐洲文藝復興相類比，都想將文化轉另一新方向。對理學作了一番革命的言論，雖語氣柔和但義極嚴正。

二、錢賓四論戴東原

錢賓四先生將戴東原思想按照年代分爲二期討論。第一期的時間是戴東原三十二歲，未入北京之前，以義理思想爲主。第二期的時間是三十二歲到

〔註45〕梁啓超：《戴東原》，頁38。
〔註46〕梁啓超：《清代學術概論》，頁38。

四十歲，學術發展主要是考據。。錢賓四先生主要是從交遊、學術淵源、思想大要、和宋學承繼的關係、學術貢獻論戴東原。

錢賓四先生在《清儒學案・序》簡略的敘述戴東原的學術思想特色與交遊狀況：

> 東原爲愼修高弟，惟愼修不菲薄紫陽，而東原則盛肆詆呵。治程朱者多斥陸雜禪，東原則並以雜禪譏程朱，其立說乃頗與清初河北顏李及浙人陳乾初潘用微之說相符合，是亦可謂卓然成一家言者。東原學高天下，而不好爲人師，故著弟子籍者不多，能傳學者爲金壇段玉裁懋堂，高郵王念孫石臞，曲阜孔廣森巽軒。然皆傳其經學考據，義理之蘊所不談焉。惟歙縣洪榜初堂，生平服膺東原，謂其孟子字義一書，功不在禹下也。〔註47〕

江永，字愼修，安徽婺原人。生於康熙二十年，卒於乾隆二十七年，戴東原二十八歲時在紫陽書院拜江永爲師。當時江永已經潛心致經幾十年，在三禮、步算、鐘律、聲韻、地名沿革，皆有研究。作品有《周禮疑義舉要》、《禮記訓義擇言》、《深衣考虞》、《春秋地名考實》、《鄉黨圖考》、《四書典林》、《群經補義》、《曆學補論》、《七政衍》、《金水二星發微》、《冬至權度》、《衡器注曆辨》、《歲實消長辨》、《律呂闡微》、《音學辨微》、《古韻標準》、《四聲切韻表》、《推步法解》、《中西合法擬草》等書，著書皆不脫離禮樂名物範圍。江愼修生長在朱熹的故鄉，十分推崇程朱的思想，極力闡揚。所著《禮經綱目》即是補充說明朱熹撰《儀禮經傳通解》，並替朱子的《近思錄》作注。可說江永的學風就是承襲朱子的格物遺教，戴東原是江永的高徒，卻沒推崇，而反駁程朱學說。王昶在江永的墓誌銘稱戴震曾自言自己的學術本於江愼修。又說戴東原和金榜〔註 48〕得到江愼修的眞傳。故戴東原的學術受江永的啓發和影響甚多。錢賓四先生認爲戴東原的學術思想和顏李學派、潘用微、陳乾初相似。東原學生不多，能傳其學問僅段玉裁、王念孫、孔巽軒，三人僅發揚考據學的學問，皆不談戴東原重視的義理思想。倒是洪榜稱讚戴東原《孟子字義疏證》學術成就甚高。

〔註47〕 錢穆：《中國學術思想史論叢（八）清儒學案序》，頁 381。

〔註48〕 錢穆《中國近三百年學術史》言：「最稱江氏高第弟子者爲金榜，字輔之，其學專治《三禮》，有《禮箋》十卷，詳稽制度，後人推爲卓然可補江、戴之缺者。」（頁 343～344）。

戴東原早年學問和江愼修相似。評論王學缺失：「謂大道可以徑至者，如宋之陸，明之陳、王，廢講習討論之學，假所謂『尊德性』以美其名。然舍夫『道問學』，則惡可命之『尊德性』乎？」雖然見解和江愼修相似，但是錢賓四先生認爲戴東原的學問和地理學風相關聯很大，畢竟當時徽、歙的獎學淵原可推至東林，因汪知默、陳二典、胡淵、汪佑、吳愼、朱璜皆在紫陽書院講朱子之學，其中又以汪學愼曾問學於東林的高世泰，因此徽州盛行朱學，戴東原活耀於徽州，當受其學風感染。

錢賓四先生認爲戴東原一生治學，最大計劃是《七經小記》。所謂「七經」是《詩》、《書》、《易》、《禮》、《春秋》、《論語》、《孟子》。了解經典用意必須從六書、九數開始。《七經小記》有〈故訓篇〉、〈原象篇〉、〈學禮篇〉、〈水地篇〉、〈原善篇〉，因此書是龐大的計劃，戴東原此書未完成。〈學禮篇〉未寫完，可參閱《戴震文集》中的〈記冕服〉、〈記皮弁服〉、〈記爵弁服〉、〈記玄端〉、〈記深衣〉、〈記中衣裼衣襦褶之屬〉、〈記冕弁冠〉、〈記冠衰〉、〈記括髮免髽〉、〈記絰帶〉、〈記樸藉〉、〈記捍決極〉都是和《學禮篇》內容相關、體例相似。錢賓四先生在《中國近三百年學術史》論《七經小記》：

> 金榜嘗言：「東原發願成七經小記，餘語之曰：『歲不我與，一人有幾多精神？』東原答曰：『當世豈無助我者？』亦見年譜蓋。東原畢生盡瘁於是，而其意則備見於與是仲明書中。惟較之朱子格物補傳所謂「即凡天下之物，莫不因其已知之理而益窮之，以求至乎其極，一旦豁然貫通」者，則方法門徑固近似，而物件意趣實不侔。朱子格物，在即凡天下之物而格，今則只求即凡六經之名物訓詁而格耳。清儒自閻百詩以下，始終不脫讀書人面目，東原漢學大師，又承江永門牆，最近朱子格物一路，然亦只格得六經書本上名物，仍是漢學家精神也。（頁348～349）

錢氏將戴東原〈七經小記〉著書功夫和朱熹之學比較。朱熹認爲格天底下萬物之理，豁然貫通後即可明白天理。戴東原的訓詁範圍僅在六經，並非天地萬物，這和宋儒精神仍不相同。清初考據學興起，乾隆時期已蓬勃發展，雖然徽學地區的學者持著以考據學爲明經的手段，但考據的範圍比朱熹所提倡的格物範圍縮小太多。

戴東原的學術思想受惠定宇影響亦甚深，錢賓四先生認爲戴東原反宋學是和惠定宇的學術主張有關係〔註 49〕。惠棟字定宇，又字松崖，吳縣人，生於康熙三十六年，卒於乾隆二十三年。惠定宇家學淵源很深，祖父惠周惕、父親惠士奇皆在學術界享有盛名。惠定宇精讀經史諸子百家、道家佛釋經典，研究漢代易學，是清代考據學吳派的始祖，其學尊古信漢。戴東原和惠定宇的交情是在詩友之間，戴東原三十五歲時，在揚州和惠定宇相識，論學宗旨出現變化，尤其是天到和人道思想方面。錢賓四先生在《中國近三百年學術史》論戴東原思想第一期時，特別說明了戴東原之哲學和惠棟思想的相關性和差異：

> 今考惠學淵源與戴學不同者，戴學從尊宋述朱起腳，而惠學則自反宋復古而來。顧亭林已言「理學之名，自宋始有，古之所謂理學者，經學也」。而通經則先識字，識字則先考音，亭林爲音學五書，大意在據唐以正宋，據古經以正唐，即以復古者爲反宋，以經學之訓詁破宋明之語錄，其風流被三吳，是即吳學之遠源也。而浙東姚江舊鄉，陽明之精神尚在，如梨洲兄弟駁易圖，陳乾初疑大學，毛西河盛推大學古本，力辨朱子，其動機在爭程朱、陸王之舊案，而結果所得，則與亭林有殊途同歸之巧，使學者曉然於古經籍之與宋學，未必爲一物。其次如閻百詩辨古文尚書，其意固猶專朱，而結果所得，亦使人知通經端在溯古，晉、唐以下已可疑，更無論宋、明也。江、浙人物薈萃，典冊流播，聲氣易傳，考核易廣，清初諸老，尚途轍各殊，不數十年，至蘇州惠氏出，而懷疑之精神變爲篤信，辨僞之工夫轉向求眞，其還歸漢儒者，乃自蔑棄唐宋而然。（頁 353～354）

> 故以徽學與吳學較，則吳學實爲急進，爲趨新，走先一步，帶有革命之氣度；而徽學以地僻風淳，大體仍襲東林遺緒，初志尚在闡宋，尚在述朱，並不如吳學高瞻遠矚，劃分漢、宋，若冀、越之不同道也。（頁 354）

錢賓四先生認爲有清一代如此遵從漢學是吳學一派所掀起的學風。惠定宇的弟子余蕭客、江聲皆遵從惠氏「守古訓」之說，人人皆重通經，通經皆重信

〔註 49〕錢賓四先生言：「蓋乾、嘉以往詆宋之風，自東原起而愈甚，而東原論學之尊漢抑宋，則實有聞於蘇州惠氏之風而起也。」《中國近三百年學術史》，頁 355。

古。錢賓四先生主張戴東原和惠定宇兩人皆反宋學。但學術源流是不相同，戴東原從學是朱子之學開始，惠定宇的學術並不是從朱子之學切入。吳學之始可上推顧亭林經學即理學一語，據唐以正宋，據古經以正唐，以訓詁之學反對宋儒的語錄空談心性之學。錢賓四先生另外指出在清初儒者們整理舊經典時，已讓後期學者明白經籍與宋學之指，未必爲同一物。黃梨洲駁《易圖》、陳乾初懷疑《大學》眞僞、閻百詩辨《古文尚書》皆有通經需溯古。清代儒者們認爲經典傳載多年，晉、唐不可信，何況宋、明儒解經之說。清初的疑古風潮開始慢慢發展，到惠定宇時疑古精神變成信仰，辨僞的目的是追求經典的正確性。

錢賓四先生亦在《中國近三百年學術史》論戴東原的學術思想第二期時，再度比較徽學和吳學的差異性：

> 據是觀之，東原此數年論學，其深契乎惠氏故訓之說無疑矣。東原卒後，淩廷堪爲作事略狀，謂「東原於揚州見元和惠棟，論學有合」，決非虛語。王昶爲東原墓誌銘，亦謂「惠、戴見於揚州，交相推重」。王鳴盛亦言：「方今學者，斷推惠、戴兩先生。惠君之治經求其古，戴君求其是，究之舍古亦無以爲是。」見洪榜東原行狀謂「舍古無以爲是」者，上之即亭林「舍經學無理學」之說，後之即東原求義理不得鑿空於古經外之論也。然則惠、戴論學，求其歸極，均之於六經，要非異趨矣。江藩漢學師承記洪榜傳，稱榜爲衛道儒，又全緣其與朱笥河發明東原論學一書，可證其時不徒東原極推惠，而爲惠學者亦尊戴，吳、皖非分幟也。其異者，則徽學原於述朱而爲格物，其精在三禮，所治天文、律算、水地、音韻、名物諸端，其用心常在會諸經而求其通；吳學則希心復古，以辨後起之僞說，其所治如周易，如尚書，其用心常在溯之古而得其原。故吳學進於專家，而徽學達於徵實，王氏所謂「惠求其古，戴求其是」者，即指是等而言也。（頁 357）

錢賓四先生主張戴東原結識惠定宇之後，論學開始改變。錢氏以戴東原〈題惠定宇先生授經圖〉「夫所謂理義，苟可以舍經學而空凭胸臆，將人人鑿空而得之，奚有於經學？爲空凭胸臆之卒無當於聖人賢人之理義，然後求之古經。求之古經而疑文垂絕，今古縣隔也，然後求之故訓。故訓明則古經明，古經明則賢人聖人之理義明，而我心之所同然者，乃因之而明。賢人聖人之理義非他，存乎典章制度者是也。」爲證。在戴震第一其思想中，僅以鄭康成、程、朱之說做爲區別義理和制數，到第二期思想時已經轉換成經典註釋時間越早，可信度也較高的態度。錢賓四先生認爲雖然此時期的戴東原思想和惠定宇的思想接近，但不可忽略吳學與徽學相異的地方。

錢氏論戴東原的義理三書：《原善》、《緒言》、《孟子字義疏證》。《原善》成稿於識惠定宇之後。《原善》的內容已經提到「道，主陰陽氣化」、「性即道之分化」「欲也者，性之事也」「理義由明智得」「私、蔽」的觀念。《緒言》已有排詆宋儒的看法，以「理氣之辨」爲證。戴東原認爲宋儒將老釋用語「眞宰」、「眞空」解釋成「理」而區分理氣，將理視爲形上的道，將氣視爲形而下的器。戴東原認爲這是不妥，畢竟沒有道就沒有器，沒有器亦無道，道器二者是相附依存。戴東原提出後世言「理」等同與古人言「命」，因二者皆適全其自然。性即自然，即爲善，人之爲惡，不在智愚之別，而是不學不思緣故。

錢賓四先生在《中國近三百年學術史》評論《緒言》一書：

> 統觀緒言立論，亦主精察自然條理以建必然之則，即以必然之則完成自然之極致，大體與原善並無不同，惟全書議論多針對宋儒。其結論則以濂溪、陸、王爲主本體、重自然，與老、釋同斥；程、朱、橫渠則以不棄「道問學」一邊，與荀子同爲得聖學之一體。其論歸於重智，非智則無以精察自然以立必然之則也。（頁 381）

戴東原認爲荀子將禮義和性分成兩塊討論，老聃、莊周、釋氏將神與形體分爲二者討論，宋儒將理與氣質分爲二本。荀子推崇禮義，宋儒推崇理，皆不害聖人之教。錢賓四先生將《原善》、《緒言》二書做比較，認爲戴東原的學術主張並未有太大的改變，但《緒言》裡攻擊宋儒的文字多了許多，認爲戴東原將陸、王重本體和老、釋之學類似，程朱與荀子皆將禮義與性區分爲形上、形下之別。

錢賓四先生整理《孟子字義疏證》和《緒言》不同的地方爲：「理」字的解說。《緒言》「理者，察之而幾微必區以別之名也。」《孟子字義疏證》：「理也者，情之不爽失也，未有情不得而理得者也。」後者明確指出明理即爲人情、理之本於人欲，宋儒辨理欲之說足以禍天下。戴東原反動宋學的主張在《孟子字義疏證》中更明顯的瞧出端倪，《緒言》僅提到程朱崇理無害於聖教，只是不知道「性」的眞正定義，《孟子字義疏證》則提出程朱不知理爲何物，同於釋、老大害於世道。《緒言》重道問學、重智，應精察事理。《孟子字義疏證》重視忠恕、絜矩，使人自求之於情，通情達欲至於不爽失爲理。三書比較，《原善》變性欲，《緒言》主要辨理氣先後，《孟子字義疏證》則重視辨理欲之異同。對宋儒的排斥直到《孟子字義疏證》最爲激昂。

梁任公和錢賓四先生皆在戴東原的思想淵原，花了許多工夫。錢賓四反對梁任公提出戴東原的學術淵原有部分來自顏李學派。錢氏在《中國近三百年學術史》道：

> 然思想之事，固可以閉門造車，出門合轍，相視於莫逆，相忘於無形者。（頁 393）

錢氏提出學術本有相同之說，不需過於牽連關係。王船山的道器論、自然與成性，陳乾初論天理從人欲所見、論擴充盡才後才見性善，都和戴東原的學術主張非常相近，卻沒人會說戴東原的學說受王、陳二人影響。錢氏認爲僅有戴氏結識惠定宇後，思想改變是受惠定宇影響。錢氏認爲在批評宋儒方面，戴氏學說和王船山相近。觀錢著《中國近三百年學術史》：

> 余觀船山議論，頗多與東原相同。然船山極尊宋儒，又曰：「庶民者，流俗也。流俗者，禽獸也。人之所以異於禽獸者，君子存之，小人去之，壁立萬仞，止爭一線。」俟解，詳前引。亦分兩境界言，其識超於東原矣。（頁 401）

此段引文可明顯看出錢賓四先生的學術立場，先言戴東原之學和王船山之學有部分雷同，卻因戴氏排斥宋儒，而言戴東原學識不如王船山。

錢賓四先生在《國學概論》與《中國近三百年學術史》駁斥梁任公對戴東原學術淵源受顏李學風的看法：

> 梁、胡所言皆無確證。必謂東原思想淵源顏、李者，爲東原攻擊宋儒言理及氣質之性諸端，顏、李皆已先及。然顏、李同時尚有浙東一派，其持論亦多與顏、李相通，何嘗不足爲戴學啓先？東原論性本與陽明相近，梨洲爲陳乾初一傳，尤不啻戴學之縮影。時尚有西河毛奇齡，恕谷從之問樂、問易，而奇齡亦推恕谷爲蓋世儒者。其著書好詆朱子，而尊陽明，有四書改錯，於朱子攻擊無所不至。其論重習行，尚事功，皆襲取顏、李之意。而極辨理字，屢出疊見。〔註 50〕

〔註 50〕錢穆：《國學概論》，頁 278。

今考東原思想最要者，一曰自然與必然之辨，一曰理欲之辨，此二者，雖足與顏、李之說相通，而未必爲承襲。至從古訓中明義理，明與習齋精神大背。若徒以兩家均斥程朱，謂其淵源所自，則誣也。（頁 392）

梁任公和胡適之皆主張戴東原的思想來自顏習齋和李恕谷，錢賓四先生不贊同此意見。戴東原攻擊宋儒「理」、「氣質之性」之論，早在顏李之學即有提過。和顏李同時的學派有浙東一派，學說亦相近，所以並無直接證據斷戴氏之學定是受到顏李之學影響。且東原論性和陽明相近，其學說應和黃梨洲、陳乾初視爲同宗學派。毛西河與李恕谷相識，其著書深喜詆毀朱子，而尊陽明，亦重習行，崇尚事功，這和顏李學說極爲相近。毛氏以博辨見長，著述廣爲流傳，錢賓四先生推敲當時戴東原應有看見毛氏作品受到影響，戴氏弟子焦里堂以忠恕爲學術目標這和毛西河相同，故不能武斷斷言戴氏之學皆受顏李之學影響，受浙東之學影響甚深。

第四節　康南海

康有爲，原名祖詒，其字廣廈，號長素，又號明夷、更生……。爲廣東省南海縣人，故又可稱之曰爲康南海，是清末民初之思想家。生於清文宗咸豐八年，卒於民國十六年（1858 年～1927 年）。出身於官僚家庭，自幼學習儒家思想，師承朱九江。光緒八年，康有爲至北京順天應試落第，於歸途經上海時，汲取閱讀大量西方政治與文化之知識，深深影響其後來維新變法之思維體系。光緒十四年，曾借至北京應試之機上書光緒皇帝，惜未上達。光緒十七年，於廣州創立萬木草堂。光緒二十一年，時值馬關條約簽訂，康有爲聯合千餘名舉人，上書光緒以示反對，即「公車上書」事件。〔註 51〕

康有爲出生時，乾嘉時代的考據學已趨沒落，取而代之的是常州學派〔註 52〕，希望能恢復順康年間的經世致用的學風，此時期的主要思想分爲兩，

〔註 51〕關於康有爲之思想可參看以下論著：清・康有爲著；姜義華、張榮華編校：《康有爲全集》，（北京：中國人民大學出版社，2007 年）、清・康有爲著；朱維錚編校：《康有爲大同論二種》（上海市：中西書局，2012 年）、清・康有爲撰、蔣貴麟編：《萬木草堂遺稿外編》（台北：成文書局，1978 年）、劉善章、劉忠世主編：《康有爲研究論集》（青島市：青島出版社，1998 年）。

〔註 52〕常洲學派可分兩方面。經學：莊存與、劉逢錄開派，以《公羊傳》爲主；文學：李兆洛開派，以陽湖古文爲主。此兩派結合爲一，以重建順康年間經世

一是力主恢復宋學，以羅澤南、曾國藩爲代表。二是力主西學，追求西方實用之學，康有爲支持此說。

影響康有爲學術思想有三人：朱次琦、張鼎華、廖平。光緒二年，康有爲十九歲參加鄉試，落榜後向朱次琦問學。朱氏的學術主張爲經世致用，不做無用的學問，除漢宋門戶之見，歸宗於孔子。康氏受此影響很多，不再鑽研八股文，致力於經學、史學、理學、小學。康氏二十一歲時，認爲讀書無用，想追求安身立命之理，乃採「靜坐」，身感自己與萬物爲一體，因朱次琦討厭禪學，康氏和他拜別。光緒五年，與張鼎華相識，二人相談當時政治，康氏從此有拯救蒼生的志向，廣讀制度、經世方面的書，並接觸西學。光緒十四年，結識廖平，廖平主張尊孔，影響康氏甚大。

康有爲一生著作相當多，有《大同書》、《日本書目志》、《日本變政考》、《公車上書記》、《不忍雜誌》、《不忍雜誌彙編》、《不幸而言中不聽則亡國》、《中庸注》、《孔子改制考》、《戊戌奏稿》、《共和主義》、《戊戌奏稿》、《共和主義》、《金主幣救國議》、《長興學記》、《物質救國論》、《南海先生詩集》、《南海先生四上書集》、《南海先生五上書記》、《南海先生七上書記》、《春秋董氏學》、《春秋比削大義微言考》、《俄彼得變政記》、《桂學問答》、《康子內外篇》、《康南海先生詩集》、《康南海官制議》、《康南海先生演講錄》、《康南海先生文集》、《康南海先生文集彙編》、《康南海先生文鈔》、《康南海自訂年譜》、《康南海諸天講》、《理財救國論》、《萬身公法》、《新學僞經考》、《廣藝舟雙揖》、《歐洲十一國遊記》。

一、梁任公論康南海

梁任公介紹康有爲的思想時，以康有爲的著書切入。以《新學僞經考》、《孔子改制考》、《大同書》談論。「僞經」指的是《周禮》、《逸禮》、《左傳》、《詩》之《毛傳》，《新學僞經考》討論了第一，西漢並無古文經學，所謂古文者，皆是劉歆僞造。第二則是秦始皇焚書並爲焚六經。第三，爲孔子用字即是秦漢間「篆書」。第四劉歆竄改古書。第五劉歆爲輔佐王莽篡漢，才做僞經。此書一出，深深撼動了考據學的立基點，所有古書都需檢查其眞僞。梁任公認爲《孔子改制考》、《大同書》帶給學術界不小的震撼，康氏認爲六經

致用的學風爲目標，代表人物爲：龔自珍、魏源。

皆為孔子所作，昔人說孔子刪述者，是錯誤的。堯、舜大業皆是孔子理想上所構成的，康有為提出的「改制」具有政治革命、社會改造的意義，喜言「通三統」，三統是夏、商、周的不同。「張三世」，三世惟據亂世、生平世、太平世。《大同書》在當時並為宣傳，因康有為認為當時世據亂世，只能言小康，不能說大同。

自梁任公提倡革命、排滿共和之論，在學術的論上，即和康有為分道揚鑣。梁任公自三十歲之後，便不再論「偽經」、「改制」。同時期，康有為大倡設孔教會、訂孔教為國教，梁任公經常駁斥此說法。梁任公反對康有為的言論：

> 中國思想之痼疾，確在「好依傍」與「名實混淆」。若援佛入儒也，若好造偽書也，皆原本於此等精神。以清儒論，顏元幾於墨矣，而必自謂出孔子；戴震全屬西洋思想，而必自謂出孔子；康有為之大同，空前創獲，而必自謂出孔子。及至孔子之改制，何為必托古？諸子何為皆托古？則亦依傍混淆也已。此病根不拔，則思想終無獨立自由之望，啓超蓋於此三致意焉。然持論既屢與其師不合，康、梁學派遂分。〔註 53〕

> 啓超與康有為最相反之一點：有為太有成見，啓超太無成見。其應事也有然，其治學也亦有然。有為常言：「吾學三十歲已成，此後不復有進，亦不必求進。」啓超不然，常自覺其學未成，且憂其不成，數十年日在旁皇求索中。故有為之學，在今日可以論定；啓超之學，則未能論定。然啓超以太無成見之故，往往徇物而奪其所守，其創造力不逮有為，殆可斷言矣。〔註 54〕

梁任公舉出清代幾位崇拜孔子學說的學者，認為他們的學說不能僅視為孔子之學。顏元之學和墨子相似，皆講苦行實踐。戴震的思想和西方情欲主義相近、康有為自創學說卻託於孔子。梁任公認為一昧的託古之說會影響到社會的進步。梁任公隱晦的批評康有為太有成見，學術成就早已定於一時，梁任公自言自己的學問常經由讀書改變。

在梁任公早期的作品裡，可看見梁氏極為贊同康有為的學術：

> 疇昔治《公羊》者皆言例，南海則言義，惟牽於例，故還珠而買櫝；

〔註 53〕梁啓超：《清代學術概論》，頁 76。
〔註 54〕梁啓超：《清代學術概論》，頁 76。

惟究其義，故藏往而知來。以改制言《春秋》，以三世言《春秋》者，自南海始也，改制之義立，則以爲《春秋》者，絀君威申人權，夷貴族而尚平等，去內競而歸統一，革習慣而遵法制，此南海之言也。三世之義立，則以進化之理，釋經世之志，遍讀群書，而無所閡，而導人以後來之希望，現在之義務。夫三世之義自何劭公以來，久闇昒焉，而南海之倡此，在達爾文主義之未輸入中國以前，不可謂非一大發明也。南海以其所懷抱，思以易天下，而知國人之思想束縛既久，不可以猝易，則以其所尊信之人爲鵠，就其所能解者而導之，此南海說經之微意也，而其影響，則既若此，近十年來，我思想界之發達，雖由時勢所造成，歐美科學所簸動，然謂南海學說無絲毫之功，雖極惡南海者，猶不能違心而爲斯言也，南海之功安在，則亦解二千年來人心之縛，使之敢於懷疑，而導之以入思想自由之途徑而已。〔註55〕

梁任公此時認爲康有爲以改制和三世言春秋，皆具有改革的意義，且可刺激國人思考。此時期梁任公尚替康有爲的學說辯論，認爲康氏學說若有爭議之處，仍具有帶領學者們勇於疑古，思想開放之功。

二、錢賓四論康南海

錢賓四先生認爲康有爲是終結清代學術史者。錢氏在《中國近三百年學術史》從康有爲之長興講學、新考據、《大同書》、孔教論，撰寫康有爲的學術思想。在長興講學時，提出顧亭林爲近代學術史功首罪魁也，因他否定講學之功。康氏舉四言爲綱：「至於道，四目：一曰格物，二曰厲節，三曰辨惑，四曰愼獨。錢賓四先生評論：

凡此所列，主人生實行，不主訓詁考訂，與乾、嘉以來風尚絕異。宋儒理欲之辨，爲戴東原所極詆，今則以「存天理，去人欲」訓「格物」，奉爲入學之首義焉。因字義明經訓，爲惠、戴所盛唱，今則謂其決不能冒大道之傳焉。曰厲節、愼獨，則求返之晚明東林、蕺山，亦乾、嘉諸儒所絕口不道也。（頁705～706）

錢氏認爲康有爲的學風又回到了東林時期講學，和乾嘉諸儒有非常大的不

〔註55〕梁啓超：《中國學術思想變遷之大勢》，頁98。

同。否定了康有爲所提倡的新考據之學〔註 56〕，康氏論學雖尊孔子，卻常常假託孔子之言論述自己意見。〔註 57〕

〔註 56〕錢穆：「梁氏之言如此，然而猶未盡。僞經考所持，爲事理之萬不通者尚多，論大體亦無是處。昔全謝山謂毛西河著書，僞造證據，然毛書固多可傳，不如長素抹殺一切，強辯曲解，徒亂後生耳目也。方植之有言：「考證學衰，陸王將興。」若康、廖之治經，皆先立一見，然後攪擾羣書以就我，不啻「六經皆我注腳」矣，此可謂之考證學中之陸王。而考證遂陷絕境，不得不墜地而盡矣。」《中國近三百年學術史》，頁 723。

〔註 57〕錢穆：「長素論學極尊孔子，乃持論若高出孔子遠甚，與己不合者則以爲僞書俗說，若惟己始得孔學之眞傳。實則凡彼所謂孔學者，皆雜取之孔子以外一切新奇可喜之理，不問其合否、通否，而並以歸諸孔，遂使孔子爲高出一切之聖人也。梁氏以「男女同棲當立期限」爲大同書第一眼目，此已非孔子所傳之教義，亦非長素特創之新思，特長素偶感於西人婚姻自由之制，而故爲此揚高鑿深之言耳。」《中國近三百年學術史》，頁 737。

第五章　結　論

梁任公、錢賓四先生的清代學術研究成果，至今對學術界仍有相當龐大的影響。錢賓四先生因和梁任公持不同的學術立場，於北京大學授「中國近三百年學術史」課時，重新編寫了講義。

梁任公認爲有清一代的學術思潮是「厭倦主觀的冥想，而傾向於客觀的考察」。錢賓四先生卻認爲清代學術史是理學的延續，觀看有清一代學術不可忽略東林修改王學的學風，並非一味主張清代學術即爲考據學。

在清代學術史的分期，二人皆因成書年代的先後，說法有些改變。梁任公 1904 年完成的《中國學術思想變遷之大勢・近世之學術》將清代學術史分爲順康、雍乾嘉、道咸同、光緒，認爲清儒在這四期分別解決「程朱陸王問題、漢宋問題、今古文問題、孟荀和孔老孟問題」。在《清代學術概論》一書時將佛教論一切流轉相「生、住、異、滅」討論清代學術史的分期，梁任公認爲清代學術史在「異」學術岐出時，即是「滅」，當代會慢慢產生新的學術思潮取代之。錢賓四先生直至〈前期清儒思想之天地〉將清代學術史分爲兩個階段：世祖順治入關至乾嘉和道咸至清朝滅亡。〈清儒學案序〉時，將清代學術史以晚明遺老、順康雍、乾嘉、道咸同光四期論之。

梁任公與錢賓四先生論清代儒者的學術，意見差異最大的是：顧亭林、顏習齋、戴東原、康有爲四人。

梁任公在《中國近三百年學術史》認爲顧亭林所言「經學即理學」是重視經學，此主張影響乾嘉考據學的發展：

> 顧亭林說：「古今安得別有所謂理學者！經學即理學也。自有舍經學以言理學者，而邪說以起。」又說：「今日只當著書，不當講學」。

> 他這兩段話，對於晚明學風，表出堂堂正正的革命態度，影響於此後二百年思想界者極大。所以論清學開山之祖，舍亭林沒有第二個人。（頁 79）

錢賓四先生卻認爲顧亭林的學術和乾嘉諸儒的學術相差甚多：

> 厥後乾嘉諸儒，鄙薄宋儒義理，而競治訓詁，然能如亭林此條眞能以訓詁明義理，而有關思想上之重大節目者，實不多見。可見徒治訓詁無當經學，乾嘉諸儒與亭林區別即在是。一通宋儒義理，一則門户自閉，與理學全不關心，高下得失由自而判。今謂亭林乃此下漢學開山，不知其間精神血脈固迥不相侔也。〔註 1〕

撰寫顏習齋的學術思想時，兩人論顏習齋的「習」持了不同的意見。梁任公認爲顏習齋的「習」和宋明儒工夫論，有相當大的不同。

> 王陽明高唱「知行合一」，從顏李派看來，陽明派還是偏於主知，或還是分知行爲二；必須如習齋所説見理於事、因行得知，纔算眞的知行合一。陽明説「不行只是不知」，習齋翻過來説：不知只是不行。所以他不教人知，只教人行；行又不是一躺過便了，最要緊是「習」。〔註 2〕

錢賓四先生則主張顏習齋的「恭習端坐」和宋明儒的主「靜」、「敬」是有相關聯性。

> 故宋、元、明儒者主敬主靜，其實出於一源，敬、靜工夫，到底還是一色，惟字面不同耳。今習齋所謂習恭習端坐，與彼亦復何異？而云有天淵之别耶？〔註 3〕

二人在考據戴東原的學述淵源持著不同的意見，梁任公認爲戴氏之學有受到顏李學派之學影響，但錢賓四先生卻認爲不然，認爲天底下學說相近者相當多，不能斷於一言受到某家之學的影響。

錢、梁二氏撰寫康有爲學術時亦有些不同，梁任公略舉康有爲著書思想、簡略的概述〈大同書〉內容、和自述後期與康有爲持不同學術意見的原因。錢賓四先生《中國近三百年學術史》認爲清代學術史的最後代表學者是康有爲，並詳述他的學術思想：

〔註 1〕錢穆：《中國學術思想史論叢（八）·顧亭林學述》，頁 67。
〔註 2〕梁啓超：《中國近三百年學術史》，頁 173。
〔註 3〕錢穆：《中國近三百年學術史》，頁 217。

> 然此亦非稟性之奇詭。當長素時，師友交遊，言考據如廖季平，言思想如譚復生，皆可謂橫掃無前，目無古人。廖氏之考據，廖氏已自推翻之；譚氏之持論，譚氏亦自違抗之。長素之於考據如廖，於思想如譚，更所謂橫掃無前者，然亦不能自持之於後。凡其自爲矛盾衝突抵消以迄於滅盡，則三百年來學術，至是已告一結束，掃地赤立，而繼此以往，有待於後起之自爲。此所以康、廖、譚三家之書，適成其爲晚清學術之末影，非有所謂奇詭也。（頁 763）

因梁任公力主漢學，在撰寫清代學術史時和考據學相關的部分皆會大書特書；錢賓四先生則一生遵從朱子，又持著清代學術並非能以考據學著稱，應視爲理學的延伸，所以在撰寫人物上，多以理學角度論斷之。

參考書目

排列方式：先依作者姓名筆劃排列，再依出版年排列

一、梁任公著作

1. 《戴東原》，（台北：台灣中華書局，1970年5月）。
2. 《近代學風之地理的分布》（台北：中華書局，1971年2月）。
3. 《中國學術思想變遷大勢》（台北：中華書局，1974年）。
4. 《朱舜水先生年譜》（台北：廣文，1975）。
5. 《中國學術之大勢》（台北：中華書局，1979年6月）。
6. 《飲冰室合集》第二冊（台北：中華書局，1989年）。
7. 《飲冰室合集》第四冊。
8. 《飲冰室合集》第五冊。
9. 《中國近三百年學術史》（台北：里仁書局，2005年8月）。
10. 《清代學術概論》（台北：里仁書局，2005年8月）。
11. 梁啓超原著、朱維錚校注：《清代學術概論》（北京：中華書局，2010年1月）。

二、錢賓四先生著作

1. 《國學概論》（台北：商務，1968）。
2. 《中國學術通義》（台北：東大圖書有限公司，1980）。
3. 《中國學術思想史論叢（八）》（台北：東大圖書有限公司，1980年3月）。
4. 《八十憶雙親師友雜憶合刊》（台北：聯經出版社，1995年）。
5. 《中國近三百年學術史》（台北：學生書局，1996年台2版2刷）。

三、古　籍

1. 〔清〕李塨撰、王源訂《顏元年譜》（北京：中華書局，1992 年）。
2. 〔清〕江藩纂、漆永祥著《漢學師承記箋釋》（上海：上海古籍出版社，2006 年）。
3. 〔清〕顏習齋著《四存編》（台北：世界書局，1959 年初版）。

四、近人著作

1. 方祖猷著《清初浙東學派論叢》（台北：萬卷樓圖書有限公司，1996 年）。
2. 王俊義、黃愛平合著《清代學術文化史論》（台北：文津出版社，1999 年）。
3. 王俊義、黃愛平合著《清代學術與文化》（遼寧：遼寧教育出版社，1993 年）。
4. 王俊義著《清代學術探研錄》（北京：中國社會科學出版社，2002 年）。
5. 王爾敏著《晚清政治思想史論》（台北：華世出版社，1976 年）。
6. 王煜著《晚清思想家論集》（台北：聯經，1981 年）。
7. 王茂、蔣國保、余秉頤、陶清合著《清代哲學》（安徽：安徽人民出版社，1992 年）。
8. 印永清：《百年家族——錢穆》（台北：立緒文化事業有限公司，2002 年 10 月）。
9. 朱維錚著《梁啓超清學史兩種》（上海：復旦大學出版社，1985 年）。
10. 朱維錚著《求索眞文明——晚清學術史論》（上海：上海古籍出版社，1996 年）。
11. 朱維錚著《中國經學史十講》（上海：復旦大學出版社，2002 年）。
12. 朱葵菊著《中國清代思想史・清代卷》（台北：文津出版社，1993 年）。
13. 史革新著《晚清理學研究》（台北：文津出版社，1994 年）。
14. 李開著《戴震評傳》（南京：南京大學出版社，1992 年）。
15. 李紀祥著《明末清初儒學之發展》（台北：文津出版社，1992 年）。
16. 李帆著《章太炎、劉師培、梁啓超清學史著述之研究》（北京：商務印書館，2006 年）頁。
17. 何冠彪著《明末清初學術思想研究》（台北：學生書局，1991 年）。
18. 吳廷嘉、沈大德合著《梁啓超評傳》（南昌：百花洲文藝出版社，1996 年）。
19. 杜維運著《清代史學與史家》（台北：東大圖書公司，1984 年）。
20. 杜維運著《清乾嘉時代之史學與史學家》（台北：學生書局，1989 年）。
21. 皮錫瑞著《經學歷史》（台北：河洛圖書出版社，1974 年）。
22. 皮錫瑞著《經學通論》（台北：河洛圖書出版社，1974 年）。

23. 〔美〕艾爾曼著、趙剛譯《從理學到樸學》（南京：江蘇人民出版社，1997年）。
24. 余英時著《論戴震與章學誠》（香港：龍門書店，1976年）。
25. 余英時著《歷史與思想》（台北：聯經出版事業有限公司，1976年）。
26. 余英時著《中國思想傳統的現代詮釋》（台北：聯經出版事業有限公司，1987年）。
27. 余英時著《猶記風吹草上鱗——錢穆與現代中國學術》（台北：三民書局，1991年）。
28. 余英時著《錢穆與中國文化》（上海：上海遠東出版社，1994年）。
29. 吳通福著：《清代新義理觀之研究》（江西：江西人民出版社，2008年）。
30. 汪榮祖著：《晚清變法思想論叢》（台北：聯經出版事業公司，1984年）。
31. 林聰舜著《明清之際儒家思想的變遷與發展》（台北：學生書局，1990年）。
32. 林慶彰、張壽安主編《乾嘉學者的義理學》（台北：中研院文哲所，2003）。
33. 徐道彬著《戴震考據學研究》（安徽：安徽人民出版社，2007年）。
34. 胡楚生著《清代學術史研究》（台北：學生書局，1988年）。
35. 胡楚生著《清代學術史研究》（續編）（台北：學生書局，1994年）。
36. 姜廣輝著《顏李學派》（北京：中國社會科學出版社，1987年）。
37. 姜廣輝著《走出理學》（遼寧：遼寧教育出版社，1997）。
38. 馬洪林著《康有爲評傳》（南京：南京大學出版社，2002年）。
39. 馬積高著《清代學術思想的變遷與文學》（湖南：湖南出版社，1996年）。
40. 袁偉時著《晚清大變局中的思想與人物》（深圳：海天出版社，1992年）。
41. 徐道彬著《戴震考據學研究》（安徽：安徽人民出版社，2007年）。
42. 許蘇民著《戴震與中國文化》（貴州：貴州人民出版社，2001年）。
43. 陳祖武著《清初學術思辨錄》（北京：中國社會科學出版社，1992年）。
44. 陳祖武著《清儒學案拾零》（湖南：湖南人民出版社，1999年）。
45. 陳祖武著《中國學案史》（上海：東方出版中心，2000年）。
46. 陳其泰著《清代公羊學》（北京：東方出版社，1997年）。
47. 陳勇著《國學宗師錢穆》（北京：北京大學出版社，2007年）。
48. 郭其勇、汪學群合著《錢穆評傳》（南昌：百花洲文藝出版社，1996年）。
49. 陸寶千著《清代思想史》（台北：廣文書局，1978年）。
50. 張舜徽著《清代揚州學記》（上海：人民出版社，1959年）。
51. 張舜徽著《清儒學記》（濟南：齊魯書社，1991年）。
52. 張舜徽著《顧亭林學記》（湖北：人民出版社，1962年）。

53. 張麗珠著《清代義理學新貌》（台北：里仁書局，1999 年）。
54. 張麗珠著《清代新義理學》（台北：里仁書局，2003 年）。
55. 張麗珠著《清代的義理學轉型》（台北：里仁書局，2006 年）。
56. 楊向奎著《清儒學案新編》（濟南：齊魯書社，1985 年）。
57. 詹海雲著《清初學術論文集》（台北：文津出版社，1992 年）。
58. 蔡錦芳著《戴震生平與作品考論》（桂林：廣西桂林師範大學出版社，2006 年）。
59. 漆永祥著《乾嘉考據學研究》（北京：中國社會科學出版社，1998 年）。
60. 蔣維喬著《中國近三百年哲學史》（台北：中華書局，1972 年）。
61. 鮑師國順著《清初學術思想論集》（高雄，高雄復文，2002 年）。
62. 嚴耕望著《錢穆賓四先生與我》（台北：台灣商務印書館，1994 年）。

五、期刊論文

1. 王俊義著〈清代學術史研究的新創獲〉（《中國文化研究》，1999 年第 3 期）。
2. 王俊義著〈論乾嘉學派的學術成就〉（《社會科學輯刊》，1991 年第 2 期）。
3. 王俊義著〈評價乾嘉學派應消除歷史成就〉（《社會科學戰線》，1992 年第 3 期）。
4. 王俊義著〈清代的乾嘉學派〉（《文史知識》，1993 年第三期）。
5. 朱維錚著〈十八世紀中國的漢學與西學〉（《中國史研究動態》1987 年第 8 期）。
6. 丘爲君著〈清代思想史「研究典範」的形成、特質與意涵〉（《清華學報》第四卷第四期，1994 年 12 月）。
7. 汪榮祖著〈錢穆論清學史述評〉（《台大歷史學報》二十六期，2000 年 12 月）。
8. 何佑森著〈近三百年朱子學的反對派〉（《幼獅學誌》，1981 年第 16 卷第 4 期）。
9. 何佑森著〈清代漢宋之爭平議〉（《文史哲學報》，1978 年第 27 期）。
10. 李嵐著〈乾嘉學派再探〉（《柳州師專學報》，2000 年第 4 期）。
11. 周國棟著〈兩種不同的學術史範式——梁啓超、錢穆《中國近三百年學術史》之比較〉（《史學月刊》2000 年第四期）。
12. 周積明著〈關於乾嘉新義理學的通信〉（《學術月刊》2001 年第 4 期）。
13. 周積明著〈四庫全書總目與乾嘉新義理學〉（《中國史研究》2002 年第 1 期）。
14. 周積明著〈乾嘉時期的學術重建〉（《江漢論壇》2002 年第 1 期）。

15. 林安梧著〈明清之際：從主題性、意向性到歷史性的一個過程〉(《國文學報》2005 年第 38 期)。
16. 高正著〈清代考據家義理之學〉(《文獻》1987 年第 4 期)。
17. 徐雁平著〈錢穆先生的清代學術思想史研究——以《中國學術思想論叢(八)》爲例〉(《博覽群書》，2005 年 03 期)。
18. 路新生著〈梁任公、錢賓四《中國近三百年學術史》合論〉(《孔孟學報》第 87 期)。
19. 陳勇著〈不知宋學，則無以評漢宋之是非——錢穆與清代學術史研究〉(《史學理論研究》2003 年第一期)。
20. 陳寒鳴、賈乾初著〈梁啓超、侯外廬近三百年中國學術史論的比較研究〉(《燕山大學學報．哲學社會科學版》2004 年第 5 卷第 1 期)。
21. 黃克武著〈清代考證學的淵源——民國以來研究成果之評價〉(《近代中國史研究通訊》1991 年第 11 期)。
22. 黃啓華著〈乾嘉考據學興起後些線索——兼論顧炎武錢大昕學術思想的發展關係〉(《故宮學術月刊》第八卷第三期)。
23. 黃愛平著〈清代漢學的發展階段與流派演變〉(《中國文化研究》2001 年第 1 期)。
24. 黃愛平著〈漢學師承記與漢學商兑——兼論清代中葉的漢宋之爭〉(《中國文化研究》1996 年第 2 期)。
25. 黃愛平著〈論乾嘉時期的經世思潮〉(《中國哲學史》1997 年第 4 期)。
26. 敖光旭著〈20 世紀的乾嘉考據學研究及其存在的問題〉(《中山大學學報》2001 年第 1 期)。
27. 陳祖武著〈乾嘉學術與乾嘉學派〉(《文史知識》1994 年第 9 期)。
28. 陳祖武著〈錢賓四先生論乾嘉學術——讀《中國近三百年學術史》札記〉(《錢穆思想研討會論文集》2005 年)。
29. 張晶萍著〈乾嘉學術和漢學觀念〉(《湖南師範大學社會科學學報》，2001 年第 1 期)。
30. 張晶萍著〈論乾嘉學派的經史關係〉(《湖南教育學院學報》，1999 年第 3 期)。
31. 張君勱著〈中國學術史上漢宋兩派之長短得失〉(《中西印哲學文集》第三編，台北：學生書局，1981 年)。
32. 漆永祥著〈乾嘉學術成因新探〉(《西北師範大學學報》1991 年第 2 期)。
33. 暴鴻昌著〈乾嘉史學辨析〉(《北分論叢》1990 年第 3 期)。
34. 暴鴻昌著〈清代漢學宋學關係辨析〉(《史學輯刊》1997 年第 2 期)。
35. 暴鴻昌著〈袁枚與乾嘉考據學〉(《史學月刊》1993 年第 1 期)。

36. 劉筱紅著〈論張舜徽的清代樸學起源觀〉(《華中師範大學學報》2001 年第 7 期)。
37. 羅炳良著〈清代乾嘉史學批評的幾個問題〉(《河北師範大學學報》1997 年第 2 期)。
38. 郭康松著〈對清代考據學批評之批評〉(《史學月刊》2002 年第 3 期)。
39. 郭康松著〈論清代考據學的學術規範〉(《清史研究》1999 年第 3 期)。
40. 許蘇民著〈也談清學史:學者與思想家——與朱維錚先生商榷〉(《光明日報》2000 年 5 月 19 日)。
41. 楊國榮著〈清代樸學方法發微〉(《華東師範大學學報》1985 年第 4 期)。
42. 盧鍾鋒著〈錢穆與清代學術研究〉(《錢穆思想研討會論文集》2005 年)。
43. 戴師景賢著〈錢穆〉收入《中國歷代思想家(二十四)》(台北:台灣商務印書館,1999 年)。

六、學位論文

1. 方俠文著〈梁啓超晚年(1918～1929)學術思想研究——以清代學術研究、先秦諸子研究爲例〉(台北:國立台灣大學中國文學研究所博士論文,2005 年)。
2. 陳麗惠著〈反傳統思潮的批判與超越——錢穆史學思想的形成(1930～1940)〉(台中:東海大學歷史研究所碩士論文,1997 年)。
3. 張錫輝:〈文化危機與詮釋傳統——論梁啓超、胡適對清代學術思想的詮釋與意義〉(台北:國立台灣師範大學國文學系博士論文,2000 年)。
4. 黃雅琦:〈救亡與啓蒙:梁啓超之儒學研究〉(高雄:國立高雄師範大學國文學系博士論文,2005 年)。
5. 鮑師國順:《戴東原學記・東原之著作》,台北:國立政治大學中國文學研究所博士論文,1978 年 6 月。

附錄一：陳確人性論初探

一、前　言

陳確，原名道永，字乾初，海寧人。生於明神宗萬曆三十二年，卒於清聖祖康熙十六年，年七十四歲。〔註1〕師承劉宗周，和黃梨洲、祝淵同門。著《大學辨》、《禪障》、《性解》、《學譜》、《葬論》、《喪俗》、《家約》等書。全謝山稱之為「畸士」，謂「說經尤諤諤」也。〔註2〕

明亡，國家領土受到異族入侵，很多學者以身殉國。陳確將亡國的原因歸為人們空談心性誤國，故重視經驗道德。是心學中發展出來的反傳統思想家，重視主體實踐的能動性。尊王陽明的知行合一說為天下之實學，提倡以工夫為本體，以「宗心」為主旨。〔註3〕錢賓四先生曰：「梨洲與乾初雖屬同門，然二人交遊蹤跡則殊悚。」〔註4〕可知乾初的學說和梨洲相差甚異，不再以發揮陽明致良知、劉宗周慎獨思想為主。

本文將對陳確的人性論作初步的分析。第一章為前言，介紹陳確的生平和本文大綱。第二章討論陳確的人性論和錢一本、孫慎行的觀點有些雷同，可看出清初學風已和宋明儒論性的方式大為不同。第三章為陳確性論性善、性惡的定義以及論性善的根據。第四章為陳確論性惡的產生。第五章為陳確對欲望的看法，並提出人欲正當處即為天理。第六章為結語。

〔註1〕徐世昌：《清儒學案》，台北：世界書局，1979年，卷二，頁63。
〔註2〕錢穆：《中國近三百年學術史》，台灣：商務印書館，1996年，頁40。
〔註3〕蒙培元：《中國心性論》，台北：學生書局，1990年，頁450。
〔註4〕錢穆：《中國近三百年學術史》，台灣：商務印書館，1996年，頁40。

二、陳乾初受前人論性的影響

明朝的衰亡，異族入關，清初的知識份子多採殉國以求全其氣節。活著的學者則在思考明代敗亡的原因。探討出儒家的學說本兼內聖外王，而明末儒者注重講學，對於外王事功較少用力，與整個世道時風幾乎完全脫離。東林的清議，是儒者再度走向政治的代表。〔註5〕此動向影響清初經世之學風，是東林學者開拓功勞。就本體與工夫之辨，顧憲成和高攀龍亦曾言及，卻不如錢一本和孫慎行談氣質之性與義理之性的辨別的新解。從孫一本和錢慎行論性的方式，可看出陳確的人性論思想和二者相近。

錢一本論性的方式非沿襲著朱子的脈絡而談，已經不主張將性分爲天地之性和氣質之性。將性區分二路來談，已非先秦儒家的論述方式。

> 先生之學，得之王塘南者居多。懲一時學者喜談本體，故以工夫爲主。一粒穀種，人人所有，不能凝聚到發育地位，終是死粒。人無有不才，才無有不善，但盡其才，始能見得本體，不可以石火電光便作家當也。此言深中當時學者之弊。〔註6〕

上段引文爲黃宗羲評論錢一本。錢氏對於晚明學者空談心性爲誤國之音，空談本心爲純然至善，以恢復本心達到至善的目標。中間的工夫論，如何恢復本心，甚少談之。錢一本認爲修養工夫，實踐道德行爲非常重要。人都具有四端可爲善的本心，但無所闡發，是了無意義。「人無有不才，才無有不善」代表人皆有實踐善的可行性和必然性，此點和陳確的「繼善成性」的觀點類似。

錢一本論性方式和王陽明論性較爲接近，都是承繼孟子論性的方式談之。皆認同孟子「人皆具有四端」的說法。王學末流不再宗主孟子學說，流於不重實學、背叛名教、墮入狂禪的弊端。

> 仁義禮智，人所固有。只不曾根之於心，便不生色者。心符故曰生色。今人乍見惻隱之生，但是端不是根，譬如五穀。豈不是美種，謂人無是種不得。然同有是種，不會種，只喚做死粒，不喚做生粒。〔註7〕

〔註5〕周麗楨：《陳乾初思想之研究》，高雄：國立高雄師範大學碩士論文，1989年，頁13。

〔註6〕黃宗羲：《明儒學案》，台北：正中書局，1979年，卷四十四，頁503。

〔註7〕黃宗羲：《明儒學案》，台北：正中書局，1979年，卷四十四，頁505。

錢一本主張人雖然是具有惻隱、是非、辭讓、羞惡之四端，但僅是存在，並非根植於我們的心理。若不實踐四端之心產生的意念，也僅落於空談。錢氏將四端比喻種子，因每人實踐程度不同，耕耘勤勞度相異，成聖的可能性也不盡相同。否定空談心性，不實踐道德是無意義。

孫愼行論性的方法和錢一本相似，也以種子作爲譬喻。孫氏不認同宋儒將氣質之性視爲惡的來源，提出實踐工夫的重要性。

> 如將一粒種看，生意是性，生意默默流行便是氣，生意顯然成像變是直。如何將一粒分作兩項，曰性好氣質不好。故所謂善反者，只見吾性之爲善而反之，方是知性。若欲去氣質之不善，而復還夫理義之善，則是人有二性也。一之，果可謂性否？〔註8〕

四端種子的發芽與否是在於道德實踐程度。氣質參與了四端種子發芽和成長的過程，所以氣質和性是不能分開討論。孫氏批判宋儒不應該將氣質論爲惡，而空談義理之性，與現實生命產生嚴重的脫節。將氣質和性一併討論，不贊同將性和氣質分開討論之，若分開討論，是將性拆爲二體討論，性分爲二者討論不能成立，不爲先秦儒家論性方法，此點和陳確人性論的觀點非常類似。

三、性善、性惡的定義及性善的根據

前文提到孫愼行提出否定宋儒將人性論分爲氣質之性和天地之性討論之，錢一本提出實踐道德重要性，空談義理之性已不能因應時事。陳確認爲明朝滅亡除了政治腐敗，讀書人未履行經世之業實爲不妥。陳確的人性論否定宋儒談論惡從氣秉而來的說法，提出人性本爲善，但因後天學習、習氣不佳產生惡的說法。

（一）否定宋儒談性的方式

陳確非常反對宋儒談性的方式：將性區分爲天地之性、氣質之性。宋儒大多主張天地之性爲純然至善，因秉氣清濁有了善惡之別。天地之性形而上的本體論，乾初直批是從佛教、老莊思想脫胎而來，已非儒家本色。氣質也屬形上物質，屬抽象概念，使人不易捉摸，無法自己衡量清濁程度，使行爲趨善的可能性降底許多。陳確不以理學和心學的形而上的方式論性，從形下經驗談論性。

〔註 8〕黃宗義：《明儒學案》，台北：正中書局，1979 年，卷四十四，頁 508。

來教已弟引孟子「存心」、「求放心」等語爲道性善本旨，而不言性善之體，此亦蔽於習而不思之故也。性即是體，善即是性體。既云「道性善」、又云「不言性善之體」，豈非騎驢覓驢乎！「本體」二字，不見經傳，此宋儒從佛氏脱胎來者。兄謂「《商書》『維皇降衷』、《中庸》『天命之性』皆指本體言」，誣之甚也。皇降、天命，特推本之詞，猶言人身則必本之親生云耳。其實孕育時，此親生之身，而少而壯而老，亦莫非親生之身，何嘗指此爲本體，而過此以往，即屬氣質，非本體乎？以詞害意，便動成隔礙。宋儒惟誤以此爲言本體，故曰「人生而靜以上不容説，才説性，便已不是性」，則所謂性而容説者，恰好在何處耶？較佛氏之説，更加玄幻矣。此言體之大惑也。〔註9〕

後儒口口説本體，而無疑是本體；孔、孟絕口不言本體，而無言非本體。子曰「性相近」，則近是性之本體；孟子道性善，則善是性之本體。而此本體故無時不在，不止于人生而靜之時也。〔註10〕

宋儒援引孔孟學說，教導世人爲善，要論其成善的必要性，使用了「本體」的觀念，這爲陳確最爲詬病。舉出孔子和孟子皆談性，不會使用本體二字，先秦諸子著作也沒有出現本體二字。「本體」爲佛家用語，宋儒以此論性，其思想內涵可能包括了佛教思想，已悖離孔孟之意。另宋儒將善、性、體，三者分而論之，將性二分，惡存乎於氣質之性。陳確提出善、性、體三者不須區隔而談，善即爲性體，性體僅有善，沒有惡的存在。

陳確論性主張應回到先秦儒家談論性的方式。宋儒論性是摻雜了自己的意見或他家思想，已違背孔、孟談性的要義。

孔子曰：「性相近」，孟子又道性善，論自此大定，學者可不復語性矣。荀、韓之説，未盡蠲告子之惑。至於諸儒，倘恍彌甚。故某嘗云：孔子之旨，得孟子而益明，孔、孟之心，迄諸儒而轉晦，皆由未解孟子性善之説，與《易》「繼善成性」之説故也。〔註11〕

孔子曾言：「我欲仁，斯仁至矣。」、「有能一日用其力於人」，乾初認爲孔、孟都認爲性是善的，已經將性定論。後儒談性是惡，或者是將性區分爲天地

〔註9〕陳確：《陳確集》，北京：中華書局，1979年，頁466。
〔註10〕陳確：《陳確集》，北京：中華書局，1979年，頁467。
〔註11〕陳確：《陳確集》，北京：中華書局，1979年，頁447。

之性和氣質之性的二元論，皆不如孔、孟談得眞切。孔子論性的方式，孟子加以闡釋發揚，談性皆以性善爲主軸，強調善是存在於性，後人提出的性惡、性三品說、將性區分爲天地之性和氣質之性論之，都非孔、孟原意。尤以宋儒論義理之性過於虛緲，使人不知自強，實離人尊天；而孔、孟言心性是本天而責人，兩者差異性頗大。

（二）性善的根據

乾初從形下的經驗層次論性。惻隱、辭讓、是非、羞惡四端之心是人人具有，且我們接觸事物時可明顯感受到四端的運作，所以孟子所言非假，性爲善。四端之心是人人皆有，卻必須藉由行爲實踐才能顯現之，我們需由外在表現實踐善。

> 性豈有本體、氣質之殊耶？孟子明言氣情才皆善，以證性無不善。諸子反之，昌言氣情才皆有不善，而另懸靜虛一境莫可名言者於形質未具之前，謂是性之本體，爲孟子道性善所自本。

宋儒將性區分爲天命之性、氣質之性。天命之性是善的，性惡則由秉氣而來，人一出生即秉氣清濁，影響性的善惡，此點乾初是非常否定的，認爲此學說受到佛家和道家影響。他主張性只能單一談之，不需區分天地和氣質差別。性爲善，孟子所言四端，是皆存於每人心中。氣、情、才是性不同的表現，即爲本體的功能、作用和效用。性必須藉由氣、情、才顯現；反言之，性善不是獨立存在的本體。

陳確對宋儒談性的方式，持否定的論點是因宋儒談性，都違背了孔、孟談性的意義，宋儒闡釋孔、孟的要旨爲曲解。我們應回到先秦儒家談論性的方式進而修養，才爲正確。

> 孟子明言氣情才皆善，以證性無不善。諸子反之，昌言氣情才皆有不善，而另懸靜墟一境莫可名言者於形質未具之前，謂是性之本體，爲孟子道性善所自本。孟子能受否？援儒入釋，實自宋儒，聖學遂大泯喪，人心世道之禍，從此使不可振就也。〔註12〕

明確指出後儒談性和孟子論性，是完全悖離。陳確認爲宋儒以一些不具實體的虛幻談論性，已違背孟子論性善的目的，使人趨善的積極動力也消失了。

陳確論性反對宋儒從形上學的本體論討論，也否定了宋儒將性惡的來源

〔註12〕陳確：《陳確集》，北京：中華書局，1979年，頁442。

歸於氣、情、才皆非爲不善物質。陳確指出氣、情、才就是性，氣、情、才和性是不能分開討論的；氣、情、才是性的體現和作用。

> 一性也，推本言之曰天命，推廣言之曰氣、情、才，豈有二哉！由性之流露而言謂之情，由性之運用而言謂之才，由性之充周而謂之氣，一而已矣。性之善不可見，分見於氣、情、才。情、才與氣，皆性之良能也。天命有善而無惡，故人性亦有善而無惡。人性有善而無惡，故氣、情、才皆有善而無惡。〔註13〕

「氣」，是性之充周，是心能思、耳目有視聽者，是形，爲氣質，亦是秉氣。「情」，是性的表露，是人接觸外界事物產生的心理變化，包括四端。「才」，是性的運用，是思考的能力，是視聽之能聰明者，爲人的才能。不論是形體、秉氣、情感表露、才能，都是人與生俱來的自然能力，性藉由它們的實踐，才能讓你看見性。性是承襲天而來，故爲善，所以氣、情、才皆爲善的。

氣、情、才皆爲善。宋儒論氣質爲不善，提出秉氣清濁影響人的聖、賢、愚、不肖之別。陳確提出不同的見解：

> 氣之清濁，誠有不同，則何乖性善之義乎？氣清者無不善，氣濁者亦無不善。有不善，乃是習耳。若以清濁分善惡，不通甚矣。斯固宋人之蔽也。氣清者，非聰明才智之謂乎？氣濁者，非遲鈍拙吶之謂乎？夷考其歸：聰明材辨者，或多輕險之流；遲鈍拙吶者，反多重厚之器。何善何惡，而可以此誣性哉！〔註14〕

陳確不贊成將清濁之分套入性中討論，認爲這二者並無相連關係。善、惡和氣無關係，天資聰穎或愚鈍和秉氣清濁的相關性，仍須商榷，宋儒將性善、性惡、天資聰穎與否綜合討論是爲不妥。陳確指出反例，智者多輕險之流，愚者多重厚，即爲秉氣清濁的反例。智、愚和爲人忠厚或老實是不相關，智、愚可視爲天資，爲人寬善狡詐是後天修行之不同所致。

陳確這樣解釋性和氣、情、才之間的關係，是把人性論建立於形下的個體身上和現實生活中，並非形上的虛幻。不能再以宋儒冥思，追求玄虛的本體方式討論，而是以實際的擴充其才討論。

〔註13〕陳確：《陳確集》，北京：中華書局，1979年，頁451-452。
〔註14〕陳確：《陳確集》，北京：中華書局，1979年，頁455。

四、性惡產生

前文已證得陳確認爲性爲善，也證明他否定宋儒談性的方式。反對將性區分爲天地之性和氣質之性；亦否定宋儒將「惡」的由來訂於氣質之中。他認爲性的範圍涵蓋了氣質；性爲善，不摻雜惡的物質；氣質爲性的體現作用，同樣爲純然至善。因陳確是從形下實踐方面論性，故「惡」並不會從形上的虛幻產生，而是人後天實踐善的過程出現紕漏，或是學習的過程中沾染了惡。

> 善惡之分，習使然也，於性何有哉！故無論氣清氣濁，習于善則善，習于惡則惡矣，故習不可不愼矣。〔註15〕

性是秉天而來，天是善的，故性爲善，不摻雜惡的成分。惡是源於習，後天的學習決定了人的智、愚、賢、不肖、行爲的善惡。惡是因其後天偏差學習所導致的，非因秉氣濁造成的。

陳確肯定性是善的。人有惡的表現，是因其後天習性差和不願意爲善。惡的表現並非天生存在於性中，是因我們未將善端的種子使其發芽，使之呈現善的表現。人在後天環境未培養爲善的習慣，薰染惡的習氣，日後其行爲是不善。陳乾初言：「習不可不愼，而性則未有不相近者也。」有不善乃是習，所以，說變化氣質是不對的，應改爲變化習氣。性善爲人人皆是，後天學習環境人人不同，所以造成人行爲善惡的區別。此乾初肯定人的後天學習可實踐善，是可成爲賢人、聖者。

乾初主張孔孟論性爲善。若惡不由氣來，從何而來？乾初認爲惡是由後天的學習、經驗而來。孔子曰：「性相近也，習相遠也」乾初曰：「性相近」是指人性皆爲善，「習相遠」是說明人有善與不善的差別，是後天的學習的結果。陳確極重視人的後天學習。

> 善惡之分，習使然也，於性何有哉！故無論氣清氣濁，習于善則善，習于惡則惡矣。故習不可不愼也。「習相遠」一語，子只欲人愼習，愼習則可以復性矣，斯立言之旨也。然更古今人千蹊萬徑，皆括此「習相遠」一語，可斷後來紛紛之論矣。〔註16〕

人性皆有爲善的潛能，但每人道德表現未必皆爲善，成善成惡的關鍵在於後天的經驗和實踐。習於虛浮則日趨於淺薄而終至險惡，習於樸實則日就厚重

〔註15〕陳確：《陳確集》，北京：中華書局，1979年，頁455。
〔註16〕陳確：《陳確集》，北京：中華書局，1979年，頁455。

以至於臻於善。

> 蓋相近者性也，相遠者習也。雖相遠之極，至於不移，而性固未始不相近也，焉可誣乎？夫子若曰：人之性，一而已，本相近也，皆善者也。烏有善不善之相遠者乎？其所以有善有不善之相遠者，習也，非性也，故習不可不慎也。習相遠矣，雖然，猶可移也。〔註 17〕

人的善惡，並非取決於人的天賦氣秉，而是取決於人的後天習行。性相近皆爲善，因後天習慣不同，道德實踐也不相同，我們論善惡差異是就其道德表現論之。我們置身於環境中接受教育和習俗影響其行爲，當我們無法改變既定環境，即需要慎重考慮是否受不好的環境影響，需跳脫出來，自行爲善。

五、人欲正當處即天理

中國哲學思想傳統中，周濂溪最早提出去欲的主張，在《通書》中提到「一爲要，一者無欲也，無欲則靜虛動直」。宋儒反對人欲，乾初稱其「離人尊天」，談心不談欲，否定欲望的價值。欲爲客觀普遍的存在，我們有諸追求富貴的欲望，也有渴望成爲聖賢的欲求。因爲有其目標可追尋，人才有成聖的可能。換言之，聖賢並非天定，而是在我們是否願意效聖法賢？再藉由後天的習爲善。

> 人心本無所謂天理，天理正從人欲中見。人欲恰好處，即天理也。向無人欲，則亦並無天理之可言矣。〔註 18〕

> 周子無欲之教，不禪而禪。吾儒只言寡欲耳。聖人之心無異常人之心，常人之所欲亦即聖人之所欲也，聖人能不縱耳。飲食男女皆義理所從出，功名富貴即道德之攸歸，而佛氏一切空之，故可曰無，奈何儒者而亦云耳哉！〔註 19〕

陳確認爲滅盡人欲，對於現實存在的人們是不可能的。聖人之教並非無欲，而是不縱欲。如何克制惡欲望、或是避免爲達成欲望而違背天理之事，此爲乾初另一重要的工夫。

〔註 17〕陳確：《陳確集》，北京：中華書局，1979 年，頁 458。
〔註 18〕陳確：《陳確集》，北京：中華書局，1979 年，頁 461。
〔註 19〕陳確：《陳確集》，北京：中華書局，1979 年，頁 461。

「人心本無天理，天理從人欲中所見」，每個人都有欲望，如何滅掉自己不好的欲望，或使是自己願望不超過道德原則，這其中的拿捏即爲人應該去判斷的。人都有希望自己能成聖成賢，順從此欲望，就可以修養工夫，走向成聖成賢的道路。違背道德所散發出的欲望，如何消滅也是工夫，聖人不縱欲即爲此道理。乾初不否定追求名利，反而以此爲證例，肯定人效聖之欲可使人成賢者。

> 人欲不必過爲遏絕，人欲正當處，即天理也。如富貴福澤，人之所欲也；忠孝節義，獨非人之所欲乎？雖富貴福澤之欲，庸人欲之，聖人獨不欲之乎？學者只是從人欲中體驗天理，則人欲即天理矣，不必將天理人欲判然分作兩件也。雖聖朝不能無小人，要使小人漸變爲君子。聖人豈必無人欲，要使人欲悉化爲天理。君子小人別辨太嚴，使小人無站腳處，而國家之禍始烈矣，自東漢諸君子始也。天理人欲分別太嚴，使人欲無閃躲處，而身心之害百出矣，自有宋諸儒始也。〔註20〕

人們正當的自然欲求和物質利益就是天理；捨棄人的自然欲求和物質利益，也就無所謂天理。自然欲求是眞理產生的根據和基礎，就人的存在意義，欲爲一切善行的根據。欲不是存在有無的問題。從人欲中體驗天理，藉由人的行爲和活動去探索自己的行爲是否有正當性和合理性。

六、結　語

明末清初，學術上的學風從空談心性轉爲經世濟民之學。陳確的人性論一方面承繼陽明和劉宗周的心學，另一方面重視形下，實踐的工夫。

陳確認爲漢族亡於異族的原因，可歸於「教衰」——理學的流弊、「俗弊」——葬師以風水惑人造成社會不安。直批周、張、程、朱是採援儒入釋方式論本體，實非孔孟學說本意。反對宋儒將性區分兩部分：義理之性爲純然至善、惡是源自於氣質之性。不贊同宋儒「存天理、去人欲」之說。孔子的性論，乾初釋爲善，以「我欲仁」、「有能一日用其力於仁」說明人性無不仁，爲其佐證。

> 蓋人性無不善，於擴充盡才後見之。如五穀之性，不藝植，不耘耔，

〔註20〕陳確：《陳確集》，北京：中華書局，1979年，頁425。

何以知其種之美？〔註21〕

儒學源於孔、孟，兩人皆談性善，乾初以此否定宋儒將惡納入於性談。且孟子所談的四端，是指人有惻隱、是非、辭讓、羞惡之端，而非指人具有仁義禮智之心，必須擴其善端，才能擁有仁義禮智。

人性天賦平等，氣秉相同，但道德的好壞是後天，不能將性和後天的道德表現混爲一談。惡的來源非來自於性，也非源於氣、情、才。因爲性不可見，必須藉由氣、情、才顯現。換言之，氣、情、才就是性，不會有惡摻雜於其中。

氣是心之有思，耳目有視聽者，是氣質，爲秉氣。情是心理狀態的表露，包括四端之情、七情六欲。才爲思之能睿，視聽之能聰明者。三者皆和性息息相關。性來源於天，天是善的，故性爲善。此點反駁了宋儒惡源於氣質之說。

聖人和凡人之別、智愚之差異之一是在「習」。惡是源於習，此爲乾初的看法。非變化氣質，應改變習氣，聖賢者會剔除生活中惡物，避開不良善行爲。陳氏強調實踐重要，效法聖賢是否成功，端看於個人實踐道德程度決定。亦倡導後天學習重要性影響道德實踐程度。第二差別爲欲望的過於不及，聖人的欲望是順從成聖賢的欲望，進而道德修養工夫；會克制不道德的欲望。

參考書目

1. 陳　確：《陳確集》，北京，中華書局，1979。
2. 黃宗義：《明儒學案》，台北，正中書局，1979。
3. 徐世昌：《清儒學案》，台北，世界書局，1979。
4. 蒙培元：《中國心性論》，台北，學生書局，1990。
5. 錢　穆：《中國近三百年學術史》，台灣，商務印書館，1996。
6. 鄧立光：《陳乾初研究》，台北，文津出版社，1992。
7. 詹海雲：《清初學術論文集》，台北，文津出版社，1992。
8. 周麗楨：《陳乾初思想之研究》，高雄，國立高雄師範大學，1989。

〔註21〕陳確：《陳確集》，北京：中華書局，1979年，頁447。

附錄二：談《公羊傳》「不忍」政治書寫意涵

一、前　言

孟子言：「世衰道微，邪說暴行有作。臣弒其君者有之，子弒其父者有之。孔子懼，作《春秋》。」〔註 1〕後世多從孟子的觀點裡頭，認爲孔子述作《春秋》，不僅記錄史實，也寓含著孔子的道德判斷。筆者發現《公羊傳》裡頭有九則「不忍」書寫條例，筆者從中揀選六則，分別論述公羊先師們解《春秋》經使用「不忍」辭彙用於政治時，一部分除了筆鋒帶有同情的情感，或是不能暢其言而寓含著貶義。另一區塊則是敘述人君行不忍人之心的仁政。

二、遮蔽醜事

公羊先師認爲《春秋》的作者礙於種種因素，不方便將醜事敘述太明白，只能藉由正例和變例書寫方式的比較，可對比發現出《春秋》的變例寫法中想要表達的看法。以隱公十一年爲例：

經文：冬，十有一月壬辰，公薨。

傳文：何以不書葬？隱之也。何隱爾？弒也。弒則何以不書葬？《春秋》君弒，賊不討，不書葬，以爲無臣子也。子沈子曰：「君弒，臣不討賊，非臣也。不復讎，非子也。」葬，生者之事也。《春秋》君

〔註 1〕朱熹：《四書章句集注》，台北：鵝湖出版社，2003 年，頁 272。

弒，賊不討，不書葬，以爲不繫乎臣子也。公薨何以不地？不忍言也。〔註2〕

在《春秋》內的記載君王非被弒死去，是寫爲「葬我君某公」，以桓公、僖公爲例，皆是以此寫法。隱公被殺而亡，且並未討賊。子沈子認爲：「國君被殺，身爲臣子沒有討賊，就是沒有盡到臣子的本份。」《春秋》記錄隱公、桓公二人即位，都不書寫「公即位」。魯隱公被弒的地方，並未在經文中出現，是因爲不忍心說明。筆者認爲此處除了同情隱公的遭遇之外，另外也暗示著桓公因迫不及待想得到王位，故而殺隱公搶奪政權的悲劇。雖然不能阻止悲劇的發生，但公羊先師們也不願意隱瞞此醜聞，只能以暗示的方式說明此段歷史。《公羊傳》在解釋桓公即位時，明白寫出，桓公弒君，應不能使用「即位」一詞。經文卻仍使用「即位」，是爲滿足桓公的喜好而已。清楚指出，桓公取其政權手段是違背道德正義。從《公羊傳》裡頭記錄隱公、桓公使用詞彙不同，可發現公羊先師們的道德判斷標準。魯隱公即位，使用「成公意」是獎其讓，而在桓公即位時，以「如其意」著其惡，由此可知傳文是推崇隱公，不認同桓公的行爲。

《春秋》是一部編年體的史書，若不連貫的閱讀，是不容易看清楚事情發展的脈絡。以子赤被弒爲例，事情先後因果記載於文公十八年、宣公元年、宣公十八年、和成公十五年。

經文：冬，十月，子卒。〔註3〕

傳文：子卒者孰謂？謂子赤也。何以不日？隱之也。何隱爾？弒也。弒則何以不日？不忍言也。

公羊先師認爲《春秋》寫作筆法：記載清楚國君的死去日期和地點。文公死去，王位應由兒子繼承，不料該繼承王位的子赤被弒。子赤爲何被弒的目的很清楚，必是奪王位。公羊先師們以「不忍」寄寓同情子赤無辜被殺，另一方面也指出這件事情並不單純。見公羊先師解釋《春秋》記載宣公即位，是只求滿足宣公喜好而已。並說出若是繼承被弒之君的王位，是不會寫出「即位」二字。在宣公八年時，記載不稱子遂爲公子，是因其殺了子赤。由此證

〔註 2〕何休解詁、徐彥疏、李學勤編：《春秋公羊傳注疏》（台北：台灣古籍出版社），2001 年。

〔註 3〕何休解詁、徐彥疏、李學勤編：《春秋公羊傳注疏》（台北：台灣古籍出版社），2001 年，頁 367。

明，公羊先師並未對不仁不義之事苟且。筆者觀成公十五年，《公羊傳》對歸父和叔仲惠伯的記載，可明白叔仲惠伯的忠心，不求自己名利，犧牲主子的性命。因向公子遂表明心意，而被弒，是忠臣的表現。

《春秋》除了是記載戰爭、政治，也記錄了災難，記載事件，人們是以何種態度處理事情？是否合乎禮義？正是公羊先師注解《春秋》重視的部分。以成公三年爲例：

> 經文：甲子，新宮災，三日哭。
>
> 傳文：新宮者何？宣公之宮也。宣宮則曷爲謂之新宮？不忍言也。其言三日哭何？廟災三日哭，禮也。新宮災，何以書？記災也。〔註 4〕

宣公新立的廟發生火災，因爲悲傷祖先無所依歸、無人祭拜，而哭了三天。廟裡發生火災哭了三天，是合乎於禮的。這裡的不忍是用於宣宮火災，不忍心將宮廟稱爲宣宮，改稱爲新宮。何休認爲公羊先師指出命名爲新宮的原因並不單純，應和宣公篡位相關。見其桓公篡位、隱公久代君王之位，天象以大雷雨示警隱公應交出大權。同樣的，宣公以庶子謀奪兄長的王位，實屬不該。兒子成公年幼繼承王位，無法治理國家，季孫氏藉此謀取大權。天象探看宣公取位不當，兒子無法治理國家，藉由新建的宣宮廟災，暗示天底下的人民應該遵行道德行事，王孫們應盡守本分。廟災，成公無法祭拜宣公。古人將祭祀視爲重要之事，由此示警國運衰微，執政者無法好好治理國家。由此看來，可發現公羊先師雖無直言宣公取得王位過程並不符合道德、季孫氏奪政權，僅以「不忍」的字詞遮蔽魯國發生的醜事。

三、讚揚美德

孟子言：「不忍人之政」。何謂不忍人之政，即是君王以不忍人之心、惻隱之心治理國家。君王不忍心黎民百姓受苦受難，盡心盡力治理國家，凡事皆從黎民百姓的利益作爲治國首要考慮條件。在陳柱《公羊家哲學》裡頭談到：「有國者不可以不知《春秋》，前有讒而不見，後有賊而不知。爲人臣者不可以不知《春秋》，守經事而不知其宜，遭變事而不知其權。爲人君父而不通於《春秋》之義者，必蒙首惡之名。爲人臣子而不通於《春秋》之義者，

〔註 4〕何休解詁、徐彥疏、李學勤編：《春秋公羊傳注疏》（台北：台灣古籍出版社），2001 年，頁 436。

必陷篡弒之誅，死罪之名。」〔註5〕讀《春秋》可使人鑑往知來，避免犯和前人相同的錯誤，君王藉由讀《春秋》可變其臣子忠奸，身爲臣子讀《春秋》，可學習前嫌輔佐君王成爲聖君。筆者從《公羊傳》裡頭挑選三則使用「不忍」的詞彙，分別以仁、義、禮三種角度，形容爲君、爲臣的應具德性、應行德政。

（一）仁

孟子言：「是以惟仁者宜在高位。不仁而在高位，是播其惡於眾也。上無道揆也，下無法守也；朝不信道，工不信度；君子犯義，小人犯刑，國之所存者幸也。」〔註6〕儒家主張以「仁」治國，國君須具備仁德，才能做爲臣民的表率。不以「仁」治理國家，君子的行爲不合乎禮，臣民在法律邊緣游走，孟子認爲此國家是僥倖存在，遲早都會面臨滅亡的命運。公羊先師們定義「仁」，如同陳柱先生言：「公羊家所最貴乎仁者，以其發於惻隱之情，而絕無利害之念也。」〔註7〕沿襲孟子對於仁的解釋。在《春秋》經裡頭，鮮少讚賞君王在沙場上的表現，這場宋襄公和楚國之戰，卻得到公羊先師們的肯定，值得我們探討。見僖公二十二年：

> 經文：冬，十有一月己巳朔，宋公及楚人戰于泓，宋師敗績。
>
> 傳文：偏戰者日爾，此其言朔何？《春秋》辭繁而不殺者，正也。何正爾？宋公與楚人期，戰于泓之陽。楚人濟泓而來。有司復曰：「請迨其未畢濟而擊之。」宋公曰：「不可。吾聞之也：君子不厄人。吾雖喪國之餘，寡人不忍行也。」既濟，未畢陳，有司復曰：「請迨其未畢陳而擊之。」宋公曰：「不可。吾聞之也：君子不鼓不成列。」已陳，然後襄公鼓之，宋師大敗。故君子大其不鼓不成列，臨大事而不忘大禮，有君而無臣，以爲雖文王之戰，亦不過此也。〔註8〕

宋襄公不趁人之危，等到對方完全準備好才整兵迎戰。站在功利的立場上，趁對方軍隊尚未做好迎戰的工作，進而偷襲贏得勝利，是不困難之事，故宋國臣子兩次建議攻打，是爲求勝利。宋襄公站在「仁」字上考慮，而拒絕此

〔註5〕陳柱：《公羊家哲學》，台北：中華書局，1980年，頁67。

〔註6〕朱熹：《四書章句集注》，台北：鵝湖出版社2003年，頁276。

〔註7〕陳柱：《公羊家哲學》，台北：中華書局，1980，頁89。

〔註8〕何休解詁、徐彥疏、李學勤編：《春秋公羊傳注疏》，台北：台灣古籍出版社，2001年，頁287。

建議。宋襄公此番行爲是孟子所言：「人皆有不忍人之心。先王有不忍人之心，斯有不忍人之政矣。以不忍人之心，行不忍人之政。」〔註9〕不忍人之心爲惻隱之心，是乍見孺子掉入於井，心頭起「相救」的刹那。宋襄公是不忍見敵方未作準備，被我方攻打而潰不成軍，他的「不忍」之心是不分國界，只要是「人」，宋襄公都給予了尊重。雖然宋襄公輸了這場戰爭，公羊先師們卻肯定了他的氣節，並以「文王之戰」相喻以表讚賞之態。如同陳柱先生所言：「公羊家貴仁義，故最惡秤人之厄。」〔註10〕面臨戰場上廝殺的局面卻仍以禮相待，這是宋襄公的德行，是值得其他君王效法。雖在春秋這時代以「仁」治國，國祚未必長久，且不保被其他國欺凌；但以仁治國的理念，仍是儒者們所追求的目標。要達到以禮治國的目標，並非僅有君王一人遵守道德禮教規範即可，而是需要臣子、人民一同遵從此理念。宋襄公欲以仁教治理國家，無奈臣子並無此理念一同輔佐，此點也是公羊先師們不勝感嘆的地方。

就寫作筆法而談，宋襄公和臣子之間的談話，正可以雙雙映襯兩者以不同的心態治理國家。一爲臣子求打仗勝利的積極心態，二爲宋襄公不忍心欺凌爲鼓列的敵方軍隊之仁心；兩者皆爲求國家好，二者的出發點及固守仁義道德相異，象徵兩者道德取向不同。宋襄公仁心用於戰場上，使自己國家軍隊潰敗，看似錯誤的選擇，但我們推敲宋襄公以此仁心對待宋國人民，應爲仁君，這應該也是公羊先師們所推崇的部份。

（二）義

子路曰：「不仕無義。長幼之節，不可廢也；君臣之義，如之何其廢之？欲潔其身，而亂大倫。君子之仕也，行其義也。道之不行，已知之矣。」〔註11〕在朱熹的《四書章句集註》有提到，子路這番話是述孔子的意思。孔子倡導五倫倫理不可廢，應當遵守。在朝爲官就應該遵行爲臣之道，就算是君王並非仁君，臣子也不能隨意更替君王，更遑論弒君。孟子覺得《春秋》是孔子根據魯史而撰寫，其中是含有「義」，「義」爲判斷倫常是非的準則，亂臣賊子皆懼怕惡名將遺留千古。見宣公六年：

> 傳文：趙盾之復國奈何？靈公爲無道，使諸大夫皆內朝，然後處乎臺上，引彈而彈之，已趨而辟丸，是樂而已矣。趙盾已朝而出，與

〔註9〕朱熹：《四書章句集注》，台北：鵝湖出版社，2003年，頁237。
〔註10〕陳柱：《公羊家哲學》，台北：中華書局，1980年，頁90。
〔註11〕朱熹：《四書章句集注》，台北：鵝湖出版社，2003年，頁185。

> 諸大夫立於朝，有人荷畚，自 閨而出者。趙盾曰：「彼何也？夫畚曷爲出乎閨？」呼之不至，曰：「子大夫也，欲視之則就而視之。」趙盾就而視之，則赫然死人也。趙盾曰：「是何也？」曰：「膳宰也，熊蹯不熟，公怒以斗摮而殺之，支解將使我棄之。」趙盾曰：「嘻！」趨而入。靈公望見趙盾，愬而再拜。趙盾逡巡北面再拜稽首，趨而出，靈公心怍焉，欲殺之。於是使勇士某者往殺之，勇士入其大門，則無人門焉者；入其閨，則無人閨焉者；上其堂，則無人焉。俯而闚其户，方食魚飧。勇士曰：「嘻！子誠仁 人也！吾入子之大門，則無人焉；入子之閨，則無人焉；上子之堂，則無人焉；是子之易也。子爲晉國重卿而食魚飧，是子之儉也。君將使我殺子，吾不忍殺子也，雖然，吾亦不可復見吾君矣。」遂刎頸而死。〔註12〕

行仁爲義是臣子對國君應盡的道義，討伐弒君者是臣子義不容辭應完成的事情，否則就淪爲不倫不義之臣。晉靈公雖爲暴君，他的死並不足以爲惜。儘管如此，《公羊先師》們仍認爲仍應討賊。在筆者討論「不忍」詞彙用於遮掩醜事，談述隱公被弒，公羊先師們不贊成臣子未追緝凶手，認爲臣子並未完成「盡忠」之責。

趙靈公雖不義，未用「仁」治理國家，不得民心，倒是趙盾深得群眾佩服，趙盾並未因此想謀奪君位，反倒因他的鋒芒太露，以至於靈公想滅口。靈公派勇士奪取趙盾的性命，勇士藉由自己的觀察，發現趙盾是位賢者，並非大奸大惡之人，廉潔並不貪污，勇士的價值判斷認爲趙盾不應該殺害，只好以自刎方式對趙靈公交差。站在君臣倫理的基礎上，公羊先師們認同勇士遵循的道德倫理。國君交予任務，理當完成；出現和君王不同意見且和君王交代的任務衝突時，是不能和君王辯是非，僅能以死盡臣子之道。

這段傳文一開始描述了趙國史官寫下：「趙盾弒君。」也解釋實況爲弒君者是趙穿，但因趙盾爲躲避靈公追殺，離開國都，但尚未走出國境，在趙穿弒君後，又回到了國都，卻未追究趙穿應負起的道德責任。公羊先師們也記載趙國史官對趙盾所說的話：「爾爲仁爲義，人弒爾君，而復國不討賊，此非弒君而何？」表示公羊先師們讚同趙國史官的話，認爲趙盾不討伐弒君者，與親手弒殺國君並無兩樣。《公羊傳》認同爲仁爲義是臣子對國君應盡的道

〔註12〕何休解詁、徐彥疏、李學勤編：《春秋公羊傳注疏》，台北：台灣古籍出版社，2001年，頁381。

義，討伐弒君者爲臣子義不容辭的責任，否則就是不仁不義的臣子。由此可知《公羊傳》對道德倫理要求，是不馬虎的。

（三）禮

孔子提倡禮樂治國，不論大小事皆須以禮執行，才會有秩序。道德倫理依禮而行，故五倫才有尊卑之觀念。在孔子認爲，禮不屬於宗教裡的規範，是可成爲人們世界裡的規範和秩序，不僅是外在的規範和約束，是可以當作仁的基礎。禮的自我實踐，是可以約束放蕩行爲，規矩行事。在《公羊傳》應用「不忍」的詞彙上，發現到一則和「禮」相關的例子，見昭公二十五年：

> 經文：齊侯唁公于野井。
>
> 傳文：唁公者何？昭公將弒季氏，告子家駒曰：「季氏爲無道，僭於公室久矣，吾欲弒之，何如？」子家駒曰：「諸侯僭於天子，大夫僭於諸侯久矣！」昭公曰：「吾何僭矣哉？」子家駒曰：「設兩觀，乘大路，朱干，玉戚，以舞〈大夏〉，八佾以舞〈大武〉，此皆天子之禮也。且夫牛馬維婁，委己者也，而柔焉。季氏得民眾久矣，君無多辱焉！」昭公不從其言，終弒而敗焉。走之齊，齊侯唁公于野井，曰：「奈何君去魯國之社稷？」昭公曰：「喪人不佞，失守魯國之社稷，執事以羞。」再拜顙，慶子家駒曰：「慶子免君於大難矣。」子家駒曰：「臣不佞，陷君於大難，君不忍加之以鈇鑕，賜之以死。」再拜顙。〔註13〕

魯昭公欲殺季孫氏，找子家駒商討論。子家駒勸退，認爲魯昭公並未以身作則、以禮樂治理國家，使用不符合自己身分的器具，彰顯自己的奢華。子家駒認爲魯昭公應採取以德服人，而不應該以暴制人。子家駒盡臣子本分，極力勸退魯昭公想殺季孫氏的想法，並且直諫君王應該改正那些不合乎禮制的行爲。魯昭公並未將子家駒進諫之言放進心裡，恣意而行。進行刺殺季孫氏失敗後，淪落他鄉。齊侯特地到野井探望。當齊景公詢問爲何遺失魯國社稷？昭公將過錯都歸於自己，子家駒也認爲自己未能好好輔佐昭公，以保社稷。喪失社稷的打擊，昭公的態度有所變化，能體恤下人。子家駒是位忠臣，對

〔註13〕何休解詁、徐彥疏、李學勤編：《春秋公羊傳注疏》，台北：台灣古籍出版社，2001年，頁601。

昭公不離不棄，跟隨他流亡。沒有在齊景公面前數落魯昭公的不合乎禮的行爲，並認爲國家失去，自己也有過錯。

傳文：高子執簞食與四脡脯，國子執壺漿，曰：「吾寡君聞君在外，餕饔未就，敢致糗于從者。」昭公曰：「君不忘吾先君，延及喪人，錫之以大禮。」再拜稽首，以衽受。高子曰：「有夫不祥，君無所辱大禮。」昭公蓋祭而不嘗。景公曰：「寡人有不腆先君之服，未之敢服；有不腆先君之器，未之敢服，敢以請。」昭公曰：「喪人不佞，失守魯國之社稷，執事以羞，敢辱大禮？敢辭。」景公曰：「寡人有不腆先君之服，未之敢服；有不腆先君之器，未之敢用，敢固以請。」昭公曰：「以吾宗廟之在魯也，有先君之服，未之能以服；有先君之器，未之能以出，敢固辭。」景公曰：「寡人有不腆先君之服，未之敢服；有不腆 先君之器，未之敢用，請以饗乎從者。」昭公曰：「喪人其何稱？」景公曰：「孰君而無稱？」昭公於是噭然而哭，諸大夫皆哭。既哭以人爲菑，以幦爲席，以鞍爲几，以遇禮相見。孔子曰：「其禮與！其辭足觀矣！」〔註14〕

昭公以大禮接受齊景公帶來的乾糧。公羊先師們清楚的描寫此段，有兩種含義，一爲齊景公的不忘本和仁心，設身處地替魯昭公設想，帶些乾糧不讓昭公一行人饑餓；不恥笑魯昭公將社稷弄丟，反而仍以平輩之禮相待；並勉勵魯昭公不要喪志。魯昭公面對喪失社稷的打擊，糾正自己過往失於禮儀的行爲，一切行爲皆以合於禮義爲主，第一次拒絕齊景公的援助，是認爲自己不配享用這等食物，昭公將這些食物祭祀祖先，是合乎禮儀的。第二次拒絕，昭公認爲國家政權旁落，不能以兩國國君相見面的禮儀接待齊景公。齊景公明白昭公囿於禮制，無法接受心意，故改用動之以情的方式，讓昭公接受幫助。此段對話，可明顯看出齊景公對於魯昭公的尊重，也看出魯昭公對禮的堅持和喪國的懊悔。《春秋》是部史書，完整的記錄君王、臣子間的行爲百態，善、惡皆記載。昭公何時遵守禮儀，何時違背？皆清楚的被記錄。孔子所讚嘆的是：魯昭公在喪失社稷時，並未延續先前不合乎禮的行爲，反倒是清楚的規範自己的行爲。

〔註14〕何休解詁、徐彥疏、李學勤編：《春秋公羊傳注疏》，台北：台灣古籍出版社，2001年，頁601。

四、結　語

林義正先生認爲孟子是懷有特定目的解讀《春秋》，因此得出倫理與政治兩種要義的結論。〔註 15〕後代學者也多以孟子的角度解讀春秋。就筆者整理出《春秋》六則「不忍」詞彙在政治上使用，的確發現公羊先師們會以道德價值判斷解經，蘊含著爲人應該循著哪些規矩行事，並清楚劃分爲人君、爲人臣應盡的責任，若是沒有達成，即批評不合乎仁義。又，「仁」爲最高行爲典範，以禮爲外在規範，衡量自我行爲是否合於義，爲義在中間；仁是內在，需要擴充發達之。仁、義、禮，三者可爲例國之根本，也做爲個人修身的基本條件。

參考文獻

1. 陳柱：《公羊家哲學》，台北：中華書局，1980。
2. 何休解詁、徐彥疏：《春秋公羊傳》，臺北：台灣古籍出版社，2001。
3. 朱熹：《四書章句集注》，台北：鵝湖出版社，2003。
4. 林義正：《春秋公羊傳》，台北：國立台灣大學出版中心，2003。
5. 林義正：〈論中國經典詮釋的目的與方法——以《春秋》的詮釋爲例〉，台北：台灣大學哲學論評，2006。

〔註 15〕林義正：〈論中國經典詮釋的目的與方法——以《春秋》的詮釋爲例〉，台北：台灣大學哲學論評，2006，頁 16。